AF366994

PRESENTE EN TU PRESENCIA

ANA ISABEL GALLEGO

1ª Edición: Mayo 2019
Ilustración de portada: Ana Cristina Martín Gallego
Diseño y maquetación: Ana Cristina Martín Gallego
ISBN:978-84-09-11343-9

PRESENTE EN TU PRESENCIA

ANA ISABEL GALLEGO

Quiero dedicar este libro a mis hijas Gemma y Cristina;
a mi pareja Julián por el apoyo incondicional.
Y a mi gran amiga Paz,
ese Ángel terrenal que tanto me ha ayudado

ÍNDICE

Sobre Mi

Antes de comenzar me gustaría presentar brevemente mi trayectoria, pues es el camino que me ha llevado a escribir hoy este texto.

Soy Terapeuta desde hace muchos años.

Comencé mi camino aprendiendo la sanación energética con las manos, con la conciencia.

También conocí, muy joven, la Metafísica, las enseñanzas de los Maestros Ascendidos, de mano de mi madre y mi hermano.

Mi hermano, cómplice y compañero de tantas aventuras, al que siempre agradeceré el haberme ayudado a recordar parte de mi misión en esta vida, de lo que ya había elegido en esta experiencia de encarnar en la materia lo que el Alma conoce desde el principio.

Llegaron a mi vida, la Radiestesia, la influencia de las ondas de forma en nuestras vidas y salud, el conocimiento de los campos morfogenéticos, de los campos electromagnéticos, es decir, ondas invisibles que nos hablan de información, de energía, y de su importancia en la recuperación de nuestro equilibrio y armonía.

Posteriormente continué mi búsqueda y mi formación, conocí la Sintergética, que aunaba diferentes Medicinas Tradicionales con los últimos descubrimientos en fotonterapia, frecuencias, sonido, arquetipos y otros dispositivos, que me volvían a hablar de información, de que somos energía organizada, según un patrón, una inteligencia o Conciencia superior.

Así fue como mi sed de conocimiento inagotable, me iba llevando a Cursos, Seminarios, Congresos, Conferencias y un sin fin de libros, siempre intentando mejorar mis Terapias, que ya empezaba a practicar en mi tan anhelado Centro de Terapias Naturales, "Krystal Esmeralda".

El estudio de la Medicina Tradicional China me ayudó a aunar los elementos de los que estamos constituidos, la energía de la que estamos hechos, con el cuerpo físico y al mismo tiempo con las emociones.

Cuando empecé también a trabajar con Sonido, con Diapasones, con Cuencos de Cuarzo, tomé todavía más Conciencia de que somos energía, organizada por frecuencias y que esas mismas frecuencias, por resonancia y por la Ley de la Atracción, son las que crean la realidad que conforma nuestro mundo y nuestras vidas.

Os invito, pues a compartir parte de mi viaje, por si os puede ayudar como me ayudó a mi en su día.

Este es apenas el principio de todo lo que nos queda por descubrir y vivir.

Os aconsejo que tengáis un cuaderno personal, en él podréis ir haciendo los ejercicios propuestos en el libro, para la mejor integración del trabajo.

I.
EL JARDIN

Hay un lugar mágico, cuidado y custodiado por los elementales de los Reinos de la Naturaleza que también conforman el Espíritu del Bosque.

Es una energía que lo interpenetra todo y en la que todos están sumergidos para el bien de la comunidad.

El equilibrio de todo y el respeto hacia toda forma de vida es cuidada y honrada, pues de ella depende el bienestar de todos los que allí habitan.

Hay seres élficos, hadas, gnomos, enanos, todos los seres elementales, las ondinas, las sílfides, las salamandras, los gnomos.

Todos viven en plena armonía y colaboración y todos están dirigidos por La Gran Diosa Madre, de la que emanan y de la que forman parte.

Cada uno cuida, dentro de los elementos en los que habitan, de los seres que en ellos están, los animales, las plantas, los árboles...

Viven en los ríos, los mares, los manantiales, las ondinas.

En el aire las sílfides, en el fuego las salamandras y en la tierra los gnomos.

Se les puede pedir ayuda cuando se trata de hacer una obra de sanación o cuando queremos plantar o cosechar, cuidar de un jardín o de un animal.

Ellos estarán encantados de colaborar con nosotros, pues al igual que los Ángeles, esperan ser llamados para brindarnos su ayuda.

En tiempos anteriores el reino humano estaba más cerca y en comunicación con estos seres pero hoy en día, nos hemos alejado de estas energías y de la conexión con la Tierra, debido a la falta de conexión y de conciencia de Unidad con toda la Creación.

Los niños, que todavía tienen un campo energético limpio y una frecuencia más ligera, tienen más fácil poder acceder a ellos y comunicarse o percibirlos con mayor claridad pues su conexión con el mundo espiritual está todavía muy reciente.

Ellos vibran en la cuarta dimensión, por lo que si queremos entrar en contacto con ellos de una manera más consciente, tenemos que elevar nuestra propia frecuencia.

Una pureza de intención y una plena comunión con la energía de la Naturaleza nos permitirá una colaboración cada vez mayor.

Hace un tiempo, cuando fui a vivir a la casa de Daganzo, la pequeña parcela estaba llena de piedras, un terreno arcilloso, con enormes cardos secos, y yo no había cogido
un azadón en mi vida (al menos en esta), pero sí que me sentía muy conectada a la Naturaleza desde mucho tiempo atrás, y para mi, pasear por la Sierra o por sitios con plantas y árboles me hacía sentir en un estado de alegría y de felicidad difícil de explicar con palabras.

¿Cómo decirlo?

Es un estado interior de gozo y alegría en si.

¿Quizás como un enamoramiento?

En aquellos días una amiga me había dejado un libro maravilloso que hablaba sobre Findhorn, como se había logrado en un lugar totalmente inhóspito y con condiciones climáticas que para nada favorecían que allí se pudiera cultivar nada, y como se había logrado, gracias a la conexión y la comunicación con los Devas y elementales de la naturaleza y las plantas, poco menos que un paraíso terrenal.

Según lo iba leyendo me iba sintiendo cada vez más conectada, por lo que decidí ponerme manos a la obra, y empecé a darle forma a mi jardín mágico.

Con la ayuda de mi entonces esposo y padre de mis hijas, con el que sí que compartía el gusto por los animales y las plantas, comenzamos a limpiar la parcela de cardos, maleza y piedras, y sin tener mucha idea, comencé a remover la tierra y a mezclarla con abono y a sacar piedras. Luego volvía a remover y así conseguía mejorar mucho el terreno, después pedía ayuda a los Devas para que me ayudaran con el césped. Como no me gustan los insecticidas ni cualquier cosa que pueda dañar a otros seres, me negué a echar nada para las hormigas o los pájaros; simplemente me comunicaba con ellos y con los elementales pidiendo su colaboración.

Ante la sorpresa de todos los vecinos, a los que he de confesar, los tenía intrigados por las cosas "raras" que de vez en cuando me veían hacer, empezó a crecer una pradera perfecta, sin calvas y sin haber utilizado nada agresivo para evitar que los pájaros y las hormigas se comieran las semillas.

Después fui dándole forma: plantas aromáticas, rosales, un lilo, un ciprés, un magnolio, una mimosa…. Sí, en 60 metros cuadrados.

Ya lo sé… pero aquel pequeño espacio se convirtió en un lugar absolutamente mágico.

Puse cuarzos, y me sentaba a meditar y a conectarme con la energía del lugar y con los Devas y Elementales que se encontraban allí a diario.

Todas las mañanas, lo primero que hacía era salir al jardín a hablar con las plantas y decirles lo bellas que se estaban poniendo.

Tenía rosas prácticamente todo el año, y el lilo, que resultó ser blanco, nos brindaba el regalo de sus flores dos o tres veces al año y fuera de temporada. Era absolutamente mágico y para agradecer la abundancia con la que me regalaban su belleza cada día.

Un día le regalamos a mi hija una cámara nueva de fotos y ella salió a la terraza para practicar e hizo fotos al jardín y cual fue nuestra sorpresa cuando salieron unos orbes enormes con el arco iris dentro, tornasolados, en uno de ellos se veía claramente la presencia de un hada.

Al pasar la foto al ordenador y enviársela a una amiga (para que la viera), las fotos desaparecieron completamente, tanto de mi ordenador como del suyo, no les debió hacer mucha gracia que lo compartiera.

Creo que era un mensaje para nosotros, un guiño simpático que nos hicieron.

Nunca lo olvidaré, ni tampoco mi amiga, que cada vez que nos vemos lo recordamos.
-¿Te acuerdas del hada de tu jardín?
¡Como olvidarlo!

Fueron muchas las cosas maravillosas que viví en aquella casa, la felicidad que me aportó poder contemplar la salida de Sol, ver crecer las plantas y florecer los rosales que con tanto amor había puesto, pasear con mi querido Nebluck (un Husky precioso que llegó a mi vida de una manera insospechada). Era mi guardián cuando hacía mis meditaciones y también me hacía el coro cuando entonaba el OM.

Fueron tantos los momentos mágicos, que cuando dejé (por decisión propia) la casa en mi separación, durante muchos años me despertaba llorando porque había soñado con ella.

Sentí tristeza y mucha nostalgia, no por el valor material de la casa física en sí, sino por haber dejado allí toda la magia y el amor que puse para crear en ese pequeño jardín.
Todo un mundo en el que los Elementales y los Devas me enseñaban cada día la Luz y la sanación que nos brinda la Naturaleza.

Mi alma estaba conectada a toda esa energía y mi Ser vibra en contacto con la Naturaleza, las flores, los cristales…

Pero como nos dijo Jesús, a veces hay que soltarlo todo para ganarlo todo, y así lo digo en mis cursos:

-" *No temas perder lo material por no perder tus principios o tu camino de vida, si sigues a tu Maestro interior, tendrás que soltarlo todo para ganarlo todo, soltar todo aquello que ya no está en tu frecuencia, salir de la zona de confort, pero creedme merece la pena.*"

Y así ha sido. Después de soltarlo todo y lanzarme al vacío sin red, tan solo con mi Fe, las ganas y el convencimiento de que, ante todo, era seguir el camino de mi alma, la vida me ha devuelto todo con creces.

Al final tuve mi anhelado Centro de Terapias Naturales y de Crecimiento Personal, "Krystal Esmeralda" y de nuevo me arrojé al vacío sin red.

En estas situaciones siempre me venía la voz de uno de mis profesores de Bioenergética:

-"*Echa a volar y te saldrán las alas*"

Creo que no fue consciente del efecto que hizo en mi aquella frase en uno de sus seminarios, o quizás sí; en cualquier caso le estaré siempre agradecida, pues cada vez que se me presentaba una oportunidad que implicaba salir de la zona de confort, me acordaba de sus palabras, y confiaba.

Pero las Enseñanzas de la Metafísica, de los Maestros Ascendidos, sobre todo del Maestro Saint Germain, siempre me daban esa fuerza y confianza de que merecía la pena saltar. Ellos eran mi Red, pues sus enseñanzas me ponían en Mi Presencia, y yo tomaba conciencia de mi verdadera esencia.

Escuchando la frase "no puedo" algo se revolvía en mi interior y sentía: "querer es poder".

Hay que cambiar el "no puedo" por "a ver como lo hago". La mejor herramienta para encontrar el camino para conseguirlo es la Meditación, pues en la Meditación estamos en presente, estamos en nuestra Pr-esencia, y cuando es nuestra Pr-esencia la que está dirigiendo nuestros pasos nada puede fallar, solo hay que confiar.

Nuestra Esencia verdadera, aflora cuando estamos en presente, cuando no estamos proyectados en un futuro probable o recreando un pasado.

Es fundamental estar presentes en nuestra Pr-esencia, para que sea nuestra Presencia la que dirige nuestros pensamientos y emociones, la que dirige nuestras vidas. Así estaremos alineados con nuestro propósito, con nuestra alma.

Por eso, cada día doy gracias por este conocimiento, que me ha permitido vivir la vida de una manera consciente, hasta llegar a la comprensión del verdadero sentido de la vida, pues vivir sin un sentido es un sinsentido.

Después de muchos años de nostalgia, anhelando volver a estar en contacto con la Naturaleza, el destino me trajo a una casa maravillosa.

Un sueño hecho realidad, en la que de nuevo estoy en contacto con todo aquello que me hace feliz. Me siento de nuevo consciente de mi esencia, y (creedme), por experiencia sé que no hay nada en la vida que pueda satisfacer el alma como estar en conexión con tu verdadero propósito. Eso se encuentra de manera natural, como no, en la naturaleza, donde está la información de todo lo creado, donde puedes sentir los elementos en ti, donde te das cuenta del campo energético en el que estamos todos inmersos y del que formamos parte de una manera indivisible, lo que nos aparta de nuestra esencia es la ilusión de la separación.

No hay separación, solo tomando conciencia de la Unidad con absolutamente todo lo creado y lo no manifestado, con la CONCIENCIA nos hará tomar conciencia de nuestra ESENCIA, y que somos CONCIENCIA pura cuando estamos en presente, aquí y ahora, en pr-esencia.

Estar en pr-esencia es contemplar una salida de Sol, el ciclo de la luna, poder ver las estrellas en un espectáculo maravilloso al estar alejada de las luces de la ciudad, despertar cuando el alba empieza a hacerse presente.

¡Hacerse presente!
Qué importantes son estas palabras, y empezar a ver como la Luz va ganando espacio en la oscuridad, y de nuevo cómo el Sol se pone dejando que la noche llegue para poder vivir nuestra noche cósmica, y al volver el amanecer de un nuevo día, saber que es de nuevo una maravillosa oportunidad de volver a sentir la vida.

Y volver a sentir la conexión con todos los Reinos de la Naturaleza, volver a establecer la comunicación con los elementales, hace que de nuevo empieces a vivir la vida con toda la magia que está a nuestro alcance, que está tan cerca y de la que nos alejamos perdidos en pensamientos que nos alejan de nuestra pr-esencia.

Pero cuando estás en tu pr-esencia te conviertes en el Creador consciente de tu vida, sabes que no hay nada material, ni ninguna relación, que te aparte de ese estado del Ser que valga la pena.

Cuando ya has vivido experiencias que te conectan con tu Ser, cuando has vivido un estado de felicidad que nace de tu interior, de enamoramiento de todo, de enamoramiento de la vida al contemplar un pájaro, una mariposa, la belleza que está latente en toda la creación, extraer lo más bello de toda situación, sabes que nada ni nadie externo a ti te podrán volver a dar esa felicidad que únicamente se encuentra en ti cuando estás siguiendo el propósito de tu vida, el propósito de tu alma, que no es otro que volver a tomar conciencia de que en tu presencia, está tu esencia, tu esencia divina.

Por eso, volver a tu Presencia te lleva a la Unidad con toda la Creación y te hace reconocer todos los Reinos que habitan en ti y que hay mucho más por vivir que lo que nos hemos limitado a hacer hasta ese momento.

¿Y qué es lo que nos lleva hacia esa Común-unión?
La contemplación de la Naturaleza. La Magia natural que se desprende de estos momentos de Pr-esencia absoluta.

Vicente Beltrán Anglada, nos dice que la palabra Magia, significa conocer las Leyes de la Naturaleza y eso solo se puede lograr a través de la contemplación, de observar y en Pr-esencia estamos en el Observador.

El Observador, según nos enseña la Física Cuántica, es de quien depende que los átomos que conforman la materia, se organicen y formen partícula, dependiendo de lo que espera ver el Observador.
Por lo tanto, estar en presente, observando la Naturaleza, nos lleva a nuestra Pr-esencia, y allí, en ese estado del Ser, no existe tiempo ni espacio, tan solo Conciencia.

TODO ES CONCIENCIA MANIFESTÁNDOSE EN FRECUENCIAS VIBRATORIAS

Conocer y comprender que absolutamente todo es energía vibrando en distintas frecuencias, desde lo más etéreo a lo más denso de la materia, y que dependiendo de donde está tu atención está tu energía, es lo que nos hace despertar de la ilusión de que solo existe lo que se percibe con los sentidos físicos.

Nos identificamos con el cuerpo, con sus sensaciones y entonces perdemos la conexión con nuestro verdadero Ser.

Y empezamos a caer en la trampa, quedamos atrapados en el laberinto, sin saber, que hemos venido para salir de él.

Tu cuerpo tiene necesidades básicas y fisiológicas que hay que atender y cuidar, pues es el habitáculo sagrado que nos permite experimentar y aprender a ser Creadores conscientes, pero como tal materia, ha de estar conectado a la Mater, a la Madre, que no es otra que la Gran Diosa Madre, la Naturaleza.

II.
TODO ES CONCIENCIA MANIFESTANDOSE EN FRECUENCIAS VIBRATORIAS

Si no aprecias la belleza del milagro de la Creación cada día, no puedes estar vibrando en una frecuencia elevada, pues tu cuerpo físico está hecho con la misma energía de todo lo que está hecho. Tiene dentro de sí la misma Fuerza vital que anima, que da vida a todo lo que vive en el Planeta, a todos los Reinos, a todos los Seres.

Buscar el silencio que habita en nuestro ser y encontrar en él el Sonido del Silencio, que es el mismo sonido que reconoce nuestro Ser en los pájaros, en los insectos, en el riachuelo, en el viento, en el balancearse de las hojas y las ramas, reconocer ese canto sagrado que nos recuerda y nos devuelve a nuestra esencia, permite que estemos presentes, y abramos nuestro corazón al amor y la compasión hacia todos los seres vivos, pues entendemos que todos formamos parte de la misma Fuerza, de la misma energía, y por tanto no podemos pretender dañar a otro ser, sin dañarnos a nosotros mismos.

III.
La Belleza

Contemplar la belleza. No olvidemos que en el Árbol de la Vida, Tipheret, la Armonía y la Belleza, es el camino más directo que nos conduce a la Corona, a Keter, nos ordena, nos armoniza.

¿Qué significa realmente que nos armoniza?

Decíamos que somos energía vibrando en distintas frecuencias, pero la energía toma forma en la materia siguiendo un orden; todo en la Naturaleza tiene un orden, se dice que Dios Geometriza y así es.

Absolutamente todo se crea y crece siguiendo la Divina Proporción, y emite una frecuencia, un Sonido, pues si recordamos las Leyes de Hermes, todo es mente, todo es vibración, y todo lo que vibra emite una frecuencia, un sonido, que es lo que da la forma, la que hace que se ordene la materia, pero siguiendo un patrón perfecto, una proporción: la Divina proporción.

Cuando un sistema ha perdido la coherencia frecuencial y se

emite una frecuencia ordenante, coherente, ordenada; la otra, por resonancia se sintoniza con esa frecuencia. Por lo tanto, si partimos de la base de que todo lo que está en la Naturaleza tiene un orden Divino, estar en contacto con la Naturaleza es lo que resuena biológicamente con nosotros.

Nos recuerda, en todos los niveles, ese orden perdido, devolviéndonos la frecuencia perfecta original en la que vibraba cada parte de nuestro Ser. Recuperamos así la armonía en nuestro sistema energético, que es el que da forma al cuerpo, le devolvemos la memoria del patrón de perfección original.

Hay frecuencias orgánicas, como la Frecuencia Schumann, con la que resuenan nuestras células y que es la que emite la Tierra y frecuencias inorgánicas que desestabilizan la membrana celular, pues como decimos todo es un lenguaje ordenado, coherente, secuencial, y cuando algo ordenado resuena con nosotros, nos ordenamos.

Pero una frecuencia inorgánica, como la emitida por una antena de telefonía móvil, nos desordena, haciendo que las células pierdan su capacidad de ordenarse.

Por eso son muchas las razones, de que estar en contacto con la Naturaleza es absolutamente sanador, pues nos devuelve la conexión con nuestra Pr-esencia, nos ordena, nos devuelve la coherencia perdida al haber estado sometidos a otros campos frecuenciales que nos llevan literalmente al caos.

En lo que ponemos nuestra atención es donde está nuestra energía, pues la energía sigue al pensamiento y por lo tanto lo que seguimos atrayendo por resonancia a nuestras vidas.

Si estamos poniendo nuestra atención en la belleza, en la paz, en la armonía que nos rodea, ¿Qué estaremos atrayendo por resonancia a nuestras vidas?

Pues más de lo mismo, con las mismas cualidades vibracionales.

Si ponemos nuestra atención, nuestra energía en situaciones caóticas, conflictos bélicos, noticias que no hacen más que difundir la frecuencia de la separación y el miedo, ¿Qué estaremos atrayendo y creando en nuestras vidas?

Es fácil, dirige tu atención hacia aquello que quieres Ser y atraer.

¿Quieres Paz en tu vida?
Tienes que SER PAZ.

¿Quieres Amor en tu vida?
Conviértete en Amor.
SE AMOR.

¿Quieres Abundancia en tu vida?
SE ABUNDANCIA en tu día a día.

¿Cómo?

Pues vibrando en una Frecuencia que resuena con esos valores, para que todo lo que te rodea sea de la misma Frecuencia, somos nosotros los que tenemos la capacidad de elegir qué situaciones son las que queremos vivir.

Tan solo hay que cambiar el enfoque, de situaciones, de problemas.

Dirigir nuestra atención plena y enfocarnos en aquello que sí queremos en nuestras vidas.

ALLÍ DONDE ESTÁ NUESTRA ATENCIÓN, NUESTRA ENERGÍA, ES LO QUE ESTAMOS CREANDO Y ATRAYENDO

Toma tu cuaderno especial y durante una semana pon
atención en todo lo que has visto a tu alrededor, en tu camino al trabajo, al salir a la calle, al despertar…

¡SÍ!
¡AL DESPERTAR!
Pues si estamos poniendo nuestra conciencia en el
momento presente estamos DESPIERTOS a nuestra
Pr-esencia, y como ya habíamos visto antes, los momentos en los que la BELLEZA acapara nuestra atención,
estamos en PRESENTE, no AUSENTE.

Volvamos al cuaderno.
Como decía, durante una semana, y luego podéis
prolongar este ejercicio todo el tiempo que queráis,
tenéis que apuntar todo aquello que os ha parecido bello.

Podéis llevar una pequeña libreta durante el día
e ir apuntándolo, o bien antes de acostar hacer el repaso
del día, que es algo que vamos a ver más adelante,
que es también muy positivo.

Os vais a dar cuenta de la cantidad de
cosas bellas y hermosas que os hacen vibrar,
y que normalmente al no estar presentes en el aquí y
ahora, pasan desapercibidas.

Pues bien, si queremos belleza en nuestras vidas,
lo único que tenemos que hacer es apartar nuestra atención de todo lo que es inarmónico y enfocarnos

en todo lo bello, pues donde esté nuestro enfoque
está nuestra conciencia y nuestra energía,
creando nuestro futuro.

Os daréis cuenta de la cantidad de cosas maravillosas
de las que estamos rodeados cada día, cosas sencillas,
y la mayoría de ellas no cuestan dinero, y sin embargo,
nos hacen cada día más ricos, más ricos en lo que más
vale, en lo que nos hace libres:
el conocimiento y la sabiduría.

Cuando empecemos a estar agradecidos por ellas,
también elevará la frecuencia de nuestros corazones,
pues la gratitud por todo lo bello que tenemos en nuestras
vidas hará que las Bendiciones del Universo sigan llenando
nuestras vidas.
Ya sabemos que lo semejante atrae lo semejante.

Ahora haz recuento, haz balance.
¿Cuántas cosas bellas hay a tu alrededor
por las que estar agradecidos?

¡Muchas, seguro!

¿Y motivos por lo que estar contentos?

¡Pues también!.

IV.
Nuestras Emociones Forman Parte de Nosotros

Bien, ahora ya sabemos también que la alegría es un estado liviano del corazón, de un corazón ligero, por lo tanto se abre nuestro chakra del corazón.

Al estar contentos y alegres, nuestro sistema inmunológico se fortalece.

¿Ves? ¡Qué sencillo! La homeostasis reguladora de nuestro organismo se ha puesto en marcha porque estamos contentos.

Hay experiencias de gente que se ha curado de enfermedades viendo, haciendo maratones, al ver películas de risa. Hasta ese punto podemos cambiar nuestra fisionomía, nuestros neurotransmisores, nuestras hormonas: con nuestro estado anímico.

Podéis comprobarlo en un instante.

<u>EJERCICIO:</u>

Cierra los ojos y lleva tu conciencia hacia tu corazón,
puedes prestar atención a los latidos o a la respiración.

Coloca tu mano en tu corazón, es una de las maneras de
llevar allí nuestra conciencia, nuestra atención.
Con estos dos breves pasos, ya habremos producido un
cambio, primero, al cerrar los ojos,
un movimiento del exterior al interior, después,
llevar la energía hacia el corazón.

Ahora trae a tu memoria, una situación,
un recuerdo de alguna vivencia que te aportara felicidad
y dicha y permite que esa emoción producida
por un pensamiento llene todo tu cuerpo,
que tu cuerpo la sienta plenamente.

Acabas de producir un significativo cambio en tu estado vibratorio, que se habrá manifestado en una cascada de neurotransmisores, los que son producidos en un estado de bienestar.

Siempre tenemos la capacidad de cambiar nuestra frecuencia, es la manera de cambiar las circunstancias, situaciones, personas que tenemos a nuestro alrededor, se puede pasar de una vida a otra en cuestión de segundos.

Son distintas líneas de tiempo, distintas probabilidades de futuro que coexisten simultáneamente en el Campo cuántico.

Atraemos a esta dimensión la que es acorde con nuestra frecuencia.

Incluso podemos producir curaciones y remisiones espontáneas, pues en una línea temporal puede haber una enfermedad y en otra una salud radiante, es cuestión de resonar y emitir la frecuencia adecuada.

Es totalmente cierto, que hemos venido también a aprender a ser humanos, a vivir y a experimentar con nuestras emociones, pero no debemos quedarnos atrapados en ellas, cuando esas emociones nos están enfermando o causando un sufrimiento que si se prolonga en el tiempo, acabará en una depresión.

Tampoco dar el antidepresivo de turno porque estamos tristes. Parece que últimamente estar tristes es algo terrible, sobre todo si estamos en alguna escuela o corriente de las mal llamadas "Nueva Era", en la que en muchas hacen incluso sentirse culpables a la gente cuando no curan sus cuerpos físicos, o cuando caen en una depresión.
La Nueva Era efectivamente es en la que estamos entrando

ahora, una Era que puso fín a la anterior, Kali Yuga, (una Era de oscurantismo), en la que todos estos conocimientos estaban vetados a la mayoría de la gente, y en la que se enseñaba en escuelas selladas y secretas. Ahora hay mucha información disponible para todo aquel que realmente quiere aprender y evolucionar, aunque en toda época, cuando el alumno está listo aparece el Maestro, aunque los conocimientos se transmitieran de boca a oído.

Pero también esta corriente de miles de ofertas de "conocimiento" rápido y de "apertura de tercer ojo de fin de semana", demonizan nuestras emociones.

Solo nos podemos liberar de ellas cuando ya las hemos vivido y hemos aprendido.

Entonces por nuestra propia evolución, por nuestro camino de trabajo interior, aprendemos a trascenderlas, a transmutarlas mediante la elevación de nuestra propia frecuencia, elevando nuestra conciencia a un entendimiento superior, y encontrado un "para qué" y no un "por qué a mi", que tanto daño nos hace.

El poder solo te puede llegar tras haber superado una serie de pruebas, entonces sabes que lo utilizarás con sabiduría y prudencia y no para satisfacer al ego.

Pretender tener un poder para el que no estamos preparados es una insensatez, que puede traer más involución y más problemas que otra cosa.

Por eso en la antiguas escuelas iniciáticas, escuelas y órdenes de sabiduría, el conocimiento se iba otorgando según el adepto estaba preparado, dando prueba de una limpieza de intención y pureza de corazón, de que todo lo que iba a aprender y que le daría poder, le daba también la responsabilidad de saber usarlo para un bien mayor y no solo empoderamiento de uno mismo y para su propio enriquecimiento.

Cuando forzamos el desarrollo de facultades superiores para satisfacer nuestra personalidad o utilizarlo para nuestro propio beneficio en perjuicio de los demás, las consecuencias no van a ser muy positivas, pues todo lo que se da, viene de vuelta, y una de las Leyes que siempre hay que respetar es la de respetar la libertad de los demás.

Ni los propios Ángeles intervienen si no se les llama, pues tenemos Libre Albedrío, el derecho divino de experimentar y aprender con nuestras propias experiencias, necesarias para nuestra alma en su evolución, por lo tanto, ni incluso para lo que pensamos que puede ser hacer un bien, (como mandar una energía de sanación a alguien enfermo que no nos lo haya pedido), puede ser un acto más negativo y perjudicial que otra cosa. Puede que le estemos privando de la enseñanza que ha de tener de esa experiencia que se muestra como enfermedad, pero que es su maestro.

No sabemos el propósito de vida de su alma ni lo que trae para aprender. No intervendremos sin su consentimiento.

Para activar nuestras facultades superiores, como decíamos antes, hay que tener una madurez espiritual, por eso en las antiguas escuelas iniciáticas, había que pasar por iniciaciones, que solo se superaban cuando el adepto probaba haber desarrollado ciertas condiciones, pues sería como darle un coche de carreras a un niño que solo sabe manejar un triciclo.

Para eso, tenemos que haber subido por una escalera, pasando escalón por escalón, trascendiendo los deseos inferiores o energías de baja frecuencia, hacia una energía de una frecuencia más elevada, hasta conseguir vibrar en el Amor incondicional.

Este proceso podremos realizarnos a través de nuestros chakras, que como a continuación veremos son portales, vórtices energéticos. que al pasar por la barrera diafragmática, pasamos de los tres chakras inferiores a los superiores, trascendiendo la personalidad y el deseo egoísta al del amor incondicional, el Amor Sabiduría, el Amor Divino, que solo se desarrolla cuando hemos abierto de par en par el chakra del Corazón, con una de sus cualidades más importantes, la COMPASIÓN.

En el capítulo IX veremos nuestro sistema energético vital y la manera de trabajar con nuestros chakras.

Para llegar a este entendimiento del Ser humano, tenemos que sentir nuestras emociones, que forman parte de la condición humana, y después trascenderlas y transmutarlas elevándolas a los chakras superiores, donde la COMPASIÓN y el amor incondicional, hará que salgamos de estas otras emociones que nos anclan y no nos dejan ascender nuestra frecuencia.

La tristeza nos enseña, la ira nos enseña, el miedo nos enseña, hay que aprender de ellos y después elevarlo, elevar su frecuencia para salir de ese estado que nos puede llevar a la enfermedad.

Y la naturaleza, vuelvo a repetir, es algo que nos va a ayudar a ordenarnos, a elevarnos, no hay nada más sanador que estar en contacto con la naturaleza, escuchar los pájaros, el viento, el agua, nuestro latir con el latir de todo lo que nos rodea, de lo que también formamos parte.
Por lo tanto, todo se resume en conseguir elevar nuestra frecuencia, y estamos viendo como no es tan difícil. Solo hay que

poner en marcha nuestra voluntad, nuestra intención clara de salir de ese estado en el que nos encontramos y que queremos cambiar, ya sea emocional, físico, de salud, económico, etc.

No importa lo que sea, todo es energía manifestada en la materia por una creencia, si cambias tu creencia, cambiará tu realidad. Si cambia tu enfoque, cambiará lo que estás manifestando.

V.
Empiezan los cambios…
¿Y ahora qué?

Ahora bien, ya hemos visto que cuando empezamos a subir y a cambiar nuestra Frecuencia vibratoria, empezamos a no resonar con ciertas personas, situaciones, circunstancias, y entonces es cuando tenemos que tener una voluntad firme de no dejar que nuestra Frecuencia cambie para complacer a los demás o para seguir estando en nuestra Zona de Confort.

Nadie puede hacer el camino por nadie, y, a veces, la mejor manera de ayudar a los demás no es quedarnos como estamos , sino ser ejemplo de que se puede vivir la vida de otra manera, con alegría, con paz, y que entonces empieza a haber cambios físicos, empiezan a llegar a nosotros otras experiencias, otras personas, otros trabajos, etc.

¿Qué es lo que hay que cambiar?

Únicamente nuestro enfoque y por tanto la vibración que emitimos.

Entonces automáticamente pasaremos a otra Línea de tiempo, con otras experiencias, con otras vivencias.

Los cambios empezarán también a traducirse en cambios en nuestros hábitos. Por ejemplo, llegará un momento, que si tenemos alguna adicción, como el tabaco o el alcohol, al cambiar nuestra vibración, de forma natural y sin ningún esfuerzo lo dejaremos, pues ya no resonamos con esa información.

Pasará lo mismo con la alimentación, una vez que se ha abierto el corazón a la compasión hacia todos los seres sintientes, posiblemente dejarás de alimentarte de carne o de cualquier producto que se haya obtenido a costa del sufrimiento de otro Ser.

La forma de ocio, como los espectáculos, la música, los lugares de recreo, tampoco te atraerán ya los mismos, pues te volverás mucho más sensible a todos estos estímulos, buscando la armonía y la elegancia.

Tu propio cuerpo cambiará, pues la materia como hemos visto se ordena mediante la información de las frecuencias que nos rodean.

Atenderemos con más cuidado hacia nuestro cuerpo, a toda la información que le hacemos llegar, pues todo es un lenguaje frecuencial, que hará que se materialice en nuestro mundo.

¿Cómo pretendemos encontrar un Amor incondicional, una relación sana, con la que vivir felices, si estamos escuchando y cantando canciones que hablan de amores desgraciados, de relaciones dramáticas o tóxicas, o de dependencia?

¿Qué tipo de mensaje estamos enviando al Universo?

Pues vamos a analizarlo bien, estamos poniendo nuestra emoción (e-motion, energía en movimiento), dándole el poder del Sonido, de la palabra hablada, que es lo que hace que la energía se materialice, pues, por lógica,

¿Qué tipo de amor, de experiencia de relación vamos a vivir?

Lo mismo sucede con las películas, con las novelas, etc. Si nos estamos alimentando de emociones de drama, de tristeza, de amores imposibles, de historias de violencia, de pobreza, etc., pues estaremos vibrando en la frecuencia de esa información, por lo tanto estaremos atrayéndolas a nuestra realidad.

Si nos están constantemente dando la información que los ricos son los malos y los pobres los héroes, los honrados, los que tienen buen corazón, pues evidentemente, como queremos "ser buenos" porque nos han enseñado que si somos buenos nos quieren y si nos portamos "mal", (de forma diferente a lo establecido socialmente admitido y correcto), no nos van a querer o nos van a castigar.

Tendremos la idea de que siendo pobres somos buenísimos, y nos querrá todo el mundo, pero si somos ricos, nos convertiremos en egoístas, malvados, y no sé cuántas cosas más.

Así, como con todos los sistemas de creencias aprendidos, y que se encuentran en el inconsciente colectivo y que tenemos que empezar a cambiar si queremos cambiar nuestras vidas.

Lo único que tenemos que cambiar es nuestro patrón de conducta, por lo tanto dejar atrás los pensamientos limitantes, pues los pensamientos y las emociones son las que nos hacen vibrar en sintonía con la realidad que creamos.

Estar presente, es estar alineados con todo nuestro Ser, sin ego, sin personalidad, sino con nuestra verdadera esencia, que es una esencia Divina.

Somos Dioses creadores, creadores de absolutamente todo lo que nos rodea, pues lo que nos rodea es un reflejo de lo que tenemos en nuestro interior

VI.
PR-ESENCIA, NUESTRA PRESENCIA

Las Enseñanzas Metafísicas nos hablan de Nuestra Presencia YO SOY. Se nos explica que hemos de estar siempre en nuestra DIVINA PRESENCIA, y es un concepto que cuando lo escuchas la primera vez, cuesta entenderlo.

Sabes que es tu Ser superior, tu verdadera ESENCIA en la que solo estamos en PRESENTE.

Esa es tu PRESENCIA DIVINA la que es consciente de que es CONCIENCIA, la que está en el OBSERVADOR.

Quiere decir que tu conciencia no está ni en el pasado ni en el futuro sino en PRESENCIA PRESENTE, AQUI Y AHORA.

Y entonces SOMOS, SOY, sin límite de tiempo ni espacio, simplemente YO SOY EL QUE SOY.

Cuando hacemos la afirmación YO SOY y colocamos cualquier atributo detrás, automáticamente estamos reafirmando esa Pr-esencia en presente, es decir YA ERES.

NO VAS A SER NI FUISTE, SINO QUE YA ERES

¿Y qué es lo que nos hace estar aquí y ahora?

Cuando hacemos una afirmación con el sentimiento y la energía empezando la frase con YO SOY ... estamos reafirmando el poder creador de nuestra Divina PRESENCIA, y por tanto es Ley, el cuerpo automáticamente iniciará los cambios que dicha orden ha dado.

En ese momento estás en PRESENTE, por lo tanto Ya eres.

Ya eres paz, ya eres abundancia, ya eres salud, ya eres amor...

¿Qué deseas ser? ¡Pues haz el Decreto!

¿Qué es Decretar? Decretar es utilizar el poder de la palabra hablada, es hacer una afirmación, un mandato, pues estás ordenando con todo el poder de crear, desde tu pr-esencia YO SOY.

Los Decretos es la manera de manifestar el pensamiento y la emoción con el sonido creador, con total autoridad y convencimiento de que al decirlo (siempre en voz alta) ya se ha hecho manifiesto en la materia.

Los Decretos han de hacerse siempre en un número múltiplo de tres.

Se pueden hacer mientras se realiza la Meditación, para ayudar a enfocar nuestra mente en algo y mantener ahí la atención plena.

También mientras se realizan las tareas diarias, mientras paseamos, estemos donde estemos, en cualquier momento del día.

Inmediatamente sentiréis como vuestra frecuencia cambia, os sentiréis con más energía, en otro estado vibracional.

Por ejemplo:

YO SOY SALUD (X3)

YO SOY PAZ (X3)

YO SOY ABUNDANCIA (X3)

VII.
Momentos Mágicos

Los momentos mágicos, como decía una amigo mío, los momentos Kodak, son los que te hacen estar tan extasiado con lo que estás viviendo en ese momento que estás con PLENA ATENCIÓN.

Y esos son los momentos que se quedan para siempre grabados en tu alma, los que has vivido con plena Presencia, cuando estás vibrando en la plenitud del aquí y el ahora, y tu atención no está ni en el minuto que acaba de pasar ni en el que va a venir.

¿Qué momentos vives así?

Los que te producen gozo y éxtasis, el momento en el que estás con el amado o amada, contemplando una salida de Sol, cuando todo tu ser vibra ante un espectáculo que capta la atención de todos tus sentidos.
Si esos momentos de dicha plena fuéramos conscientes que en

esos momentos estamos creando más momentos así, más circunstancias en las que nos volveremos a sentir así de bien, de PLE-
NOS, de PRESENTES,

¿No sería mucho más agradable la vida?

Significaría que estaríamos viviendo la vida con PLENITUD,
con COMPLETITUD, sabiendo que estamos llenos de todo lo
que necesitamos, puesto que en esos momentos somos nuestra
PRESENCIA, nuestra ESENCIA CREADORA tomando posesión
plena de nuestro vehículo físico.

Y entonces es cuando entramos en COMÚN-UNIÓN sagrada
con todo lo que existe, y empezamos a vibrar en una frecuencia
mucho más elevada, en la que estamos más cerca de la energía
que de la materia, vibracionalmente hablando.

Nos volvemos más sutiles, y es lo que permite que podamos
tener contacto muchos más cercano con todos los Seres de Luz,
que nos rodean, con los planos de existencia más sutiles o espiri-
tuales.

Es cuando podemos percibir también la cercanía de nuestros
Guías, de los Seres del Reino Angélico, de los Ángeles y elementales de la Naturaleza, de los Maestros.

¿Y qué es lo más ayuda a volver a tener esa percepción?

Volver al estado de alegría, de inocencia que tenemos en la infancia, a ese estado de conciencia elevado, en el que un niño que
está descubriendo inconscientemente todo lo que le rodea, se
queda extasiado y está totalmente PRESENTE.

Los niños pueden pasar horas jugando con las hormiguitas,

con una mariquita, con un simple palo o piedra, están PRESEN-
TES porque no tienen sentido del tiempo, se les pasa las horas
volando porque para ellos no hay horas.

¿Y los adultos?

Bien, muy fácil ¿En qué situaciones se te pasan las horas volando? ¿En qué momentos pierdes la noción del tiempo?

Cuando eso sucede es porque estás disfrutando tanto de lo que
te está ocupando que tu atención realmente está fuera del tiempo.

¡Qué bueno! Estar fuera del tiempo, entonces es cuando puedes tener un atisbo de lo que es tu PRESENCIA que es eterna, en
la que no existe el tiempo.

¿Y si lograras estar en ese estado en cualquier ocupación? Tu
atendiendo tus labores cotidianas, estés haciendo lo que estés haciendo, pero siempre PRESENTE en tu PRESENCIA.

Atención plena, todo el tiempo, eso harías que tu fueras el
dueño de tu tiempo, pues estarías en tu PRESENCIA y tu PRE-
SENCIA es eterna, ¿Lo comprendes?

Vamos a hacer ahora un ejercicio que nos va a ayudar a empezar a practicar este estado de manera consciente. Luego lo podremos hacer en cualquier circunstancia en la que no estamos
presentes.

<u>**EJERCICIO:**</u>

Cierra los ojos, ahora solamente pon tu atención en tu
respiración.
Quiero que sientas el aire entrando por tu nariz al inhalar.

Siente la sensación del aire entrando por tu nariz y
sigue su recorrido hasta llegar a tus pulmones.

Siente el movimiento de tu pecho con la respiración.

Y ahora pon tu conciencia en sentir también como sale el
aire de tus pulmones y síguelo hasta tu nariz o tu boca.

Sigue practicando con tu respiración.

Ahora además pon atención a tu cuerpo sobre el asiento,
a tus piernas, tus pies en el suelo, tus manos, todo tu cuerpo.

Pon atención a lo que te rodea en estos momentos, los
ruidos de la habitación, quizás de la calle a través de la
puerta o de la ventana.

Estáte atento a todo lo que te rodea,
la temperatura, los olores.

Sigue prestando atención a tu respiración.

(2 o 3 minutos más)
Ahora puedes abrir los ojos.

¿Cómo te has sentido?

¿Qué tipo de pensamientos han acudido a tu mente?

¿Has logrado mantener la atención plena todo el tiempo?

Este es un ejercicio sencillo de practicar que puedes usar en cualquier momento del día
(en el que sientas que no estás presente).

El hábito de estar presente es algo que tenemos que practicar, pues en la cultura occidental no es algo que se enseñe ya desde la infancia, como en otras culturas orientales.

Sin embargo, son muchos los beneficios. Como habrás podido comprobar, pues de una manera muy sencilla, se pueden detener los pensamientos que constantemente tenemos en nuestras cabezas, la mayoría de las veces anticipando un futuro que todavía no ha llegado o re-creando y re-sintiendo algo del pasado, que si no lo identificamos y cambiamos hará que volvamos a repetir las mismas experiencias una y otra vez.

Si queremos cambiar nuestras vidas tenemos que cambiar nuestros hábitos, y empezar a actuar "como si"...

Es decir, si queremos estar en la abundancia y salir de la precariedad, tenemos que cambiar nuestras creencias arraigadas de carencia, de pobreza y sobre todo aquellas grabaciones aprendidas y heredadas por el entorno psicosocial que asocia la riqueza a algo malo, difícil o imposible.

Donde ponemos nuestra atención está nuestra energía, recuérdalo siempre y en todo momento.

"La energía sigue al pensamiento y se manifiesta en la palabra."

VIII.
Creencias Limitantes

Otro pensamiento habitual arraigado en nuestra cultura es el de que rezar para tener dinero es malo o egoísta y que solo hay que pedir salud. Eso no es cierto, es solo una creencia extendida por algunos líderes religiosos para poder tener ellos el poder y así tener a la población sometida bajo su yugo.

Un estado de prosperidad y abundancia es un derecho Divino, y va unido a la perfección de la Presencia YO SOY, que es la Conciencia Divina creadora que habita en todos nosotros, pues es lo que realmente somos.

Nada imperfecto puede pertenecer a tu Presencia YO SOY, sólo lo distorsionado por la densidad de la materia, de las limitaciones mentales grabadas durante generaciones para mantener en la densidad de una frecuencia baja y por tanto creadora de una vida de carencia y precariedad a la gente.

Toda la riqueza del Universo es absolutamente ilimitada, pues absolutamente todo lo que se materializa se crea de la Sustancia primigenia, emana del Campo Cuántico, donde todo es totipotencialmente posible, solo depende la forma, lo que el Observador espera encontrar.

Todo es energía y la energía solo se transforma, es ilimitada, hay para todos. No es en absoluto egoísta desear poder vivir una vida plena sin preocupaciones de obtener lo necesario para vivir, con las necesidades del cuerpo físico y además de poder experimentar todo lo que el alma necesite para su evolución y su experiencia en la materia.

¿Qué es lo que te está impidiendo poder acceder a ese todo ilimitado de suministro divino que ya existe para ti?

¿Qué tipo de pensamiento?

¿Crees que no te lo mereces?

¿Crees que no eres digno de lucir bellas joyas
si eso es lo que deseas?

¿Crees que no mereces rodearte de bienestar y belleza
si eso es lo que deseas?

<u>**EJERCICIO:**</u>

Presta atención y vuelve a hacer el ejercicio de antes de estar presente y a continuación,

busca en tu recuerdo las frases o palabras que escuchaste desde la infancia sobre el dinero, sobre la riqueza, sobre las personas que disfrutan del lujo en su vida.

Y ahora pon mucha atención a tu cuerpo.

¿Hay alguna parte ahora en la que sientes incomodidad al analizar tu relación con el dinero?
¿Hay algún sentimiento o emoción?
¿Miedo? ¿Rechazo?
¿Odio hacia las personas ricas?

Si es así, respira profundamente tres veces
y al exhalar libéralas.

Repite ahora la siguiente afirmación:

**YO SOY ABUNDANCIA DIVINA
MANIFESTADA AQUÍ Y AHORA**

**YO SOY ABUNDANCIA DIVINA
MANIFESTADA AQUÍ Y AHORA**

**YO SOY ABUNDANCIA DIVINA
MANIFESTADA AQUÍ Y AHORA**

Ahora bien, todo lo que hemos ido creando hasta

ahora, todo aquello que hemos creído, hemos afirmado y repetido montones de veces, los aspectos de nosotros mismos, que no nos gustan, la falta de amor hacia nuestros cuerpos, etc. ha creado la realidad que estamos viviendo en estos momentos.

Por lo tanto para poder empezar a crear y materializar nuevos aspectos, primero tenemos que deshacernos de todas esas creencias y patrones adquiridos, de todas las creaciones que nos limitan e impiden nuestra libertad.

Tenemos que tomar conciencia de una de las frases más poderosas que nos enseñó el Maestro Jesús:
"MI PADRE Y YO SOMOS UNO"

Si somos Uno con el Padre, con la esencia de la que emanamos, y partimos de la base de que DIOS ES AMOR. En el amor no puede haber jamás temor, ni ninguna condición que no vibre en la más alta frecuencia que existe en el Universo, que es la del amor.

Por lo tanto si nuestra esencia, que la SOMOS cuando estamos en nuestra Pr-esencia, es la frecuencia del AMOR de la que emanamos, en esa Pr-esencia, en ese estado del Ser no puede haber frecuencias más bajas como son la enfermedad, la carencia, la tristeza, etc. Pues el estado natural del Ser, de la Pr-esencia es la perfección absoluta y original. La perfección de la Conciencia de la que emanamos y de la que formamos parte.

Esas condiciones tan solo pueden darse cuando nos separamos de la Fuente y nos identificamos con la forma y con la densidad de las bajas frecuencias de la información con la que estamos constantemente bombardeados.
Apartar nuestra atención de todas las noticias que infunden temor, alarma, ira y otras emociones pues hacen que baje nuestra

frecuencia, y contemplemos esa probabilidad, por lo tanto abramos la puerta para que entre y se manifieste en nuestra vida.

Cuando volvemos nuestra atención a nuestra Presencia, a nuestra esencia, y empezamos a elevar nuestra frecuencia vibratoria utilizando las herramientas que tenemos como la meditación, las afirmaciones, el contacto con la Naturaleza, volver de nuevo a nuestra Pr-esencia, todo vuelve a su vibración original que no puede ser otra que la de la absoluta perfección y orden con la que toda la materia fue diseñada y soñada por la Conciencia Primigenia.

Tener siempre presente que estamos creando de forma caótica, la mayoría de las veces, cuando no estamos presentes en nuestra Pr-esencia, es fundamental para empezar a conseguir vivir como constructores y creadores conscientes, de una vida en la que la perfección absoluta, la armonía y la belleza de nuestra pr-esencia sea la que tenemos.

Decíamos que para empezar a crear una realidad distinta primero tenemos que identificar todos aquellos patrones y grabaciones que nos alejan de ella y transmutarlos.

IX.
Nuestro Sistema Energético Vital

Y como es arriba es abajo… y en nuestros cuerpos tenemos las herramientas para poder hacerlo: nuestros chakras. La palabra chakra significa rueda en sánscrito. Son vórtices energéticos, que nos comunican con el medio que nos rodea.

Nosotros emitimos al medio también, desde nuestros chakras información, frecuencias, que interactúan, atrayendo magnéticamente situaciones, lugares, personas, circunstancias, que vibran en la misma longitud de onda, en la misma frecuencia que estamos emitiendo.

Desde el alma, que proviene de la Conciencia o de la Fuente, desciende un cordón energético de Luz.

Éste canal, entra por el chakra superior de la corona y desciende por un canal central, hasta el periné, donde se ubica el primer chakra, conectando la energía del alma a la Tierra, permitiendo experimentar en el plano físico lo que el alma anhela para su sabiduría, que a la vez formará parte de la Conciencia Universal, donde estamos conectados con todos los Seres que a la vez aportan sus propias experiencias, como vemos todos nos nutrimos y a la vez aportamos a todos, en una Unidad de un gran cuerpo, en el que todos somos células.

La corriente energética que desciende del alma, entra por la coronilla y baja por el canal central. En éste se encuentran siete vórtices principales, relacionados con nuestro cuerpo físico a través nuestras glándulas endocrinas.

Las cualidades y atributos de la Luz blanca que entran por la corona se dividen en las siete frecuencias cromáticas, cada una de ellas con una longitud de onda que es lo que define su cualidad y color.

Estas frecuencias tienen cada una su propia vibración, que nos aporta la cualidad correspondiente que veremos en la siguiente tabla para facilitar su comprensión.

La meditación a través de los chakras es una gran herramienta que nos ayudará a ir transmutando las energías de baja frecuencia en otras más elevadas, cambiando así la información que estamos emitiendo a nuestro alrededor y a través de la Ley de la atracción, cambiando nuestra realidad.

A través de nuestros chakras, que tienen correspondencia con los 7 planos de la Creación, con las 7 longitudes de onda de la luz visible, que se corresponden con los 7 Rayos que emanan de la conciencia, de la Luz.

A través de ellos podemos ir transmutando todas las condiciones y energías cristalizadas en nuestros vehículos físicos y energéticos.

Son 7 chakras principales, que tenemos en nuestro vehículo físico para poder recibir y distribuir la energía que viene desde la fuente, que pasa por nuestro Ser Superior o Alma y que desciende entrando por nuestra corona y va recorriendo todos nuestros chakras a través del Canal Central.

Es muy importante equilibrar los siete, pues si hay un exceso energético en uno de ellos, la energía no puede fluir por nuestro Canal Central, y se pueden producir congestiones energéticas y vacíos.

Centrarse en uno en particular sin equilibrar los otros es peligroso. Por ejemplo, pretender activar la clarividencia sobre activando el 6º chakra,(el tercer ojo), producirá una congestión en éste y un vacío en el resto, pudiendo producir desequilibrios en la glándula pineal, que es el centro comando hormonal, produciendo un desbarajuste en el resto de las hormonas.

No olvidemos que pasar la barrera diafragmática al ir subiendo la energía por el canal central, es lo que nos sitúa en el Amor incondicional, en la compasión, trascendiendo así las energías de supervivencia de los tres primeros sellos, (en los que se encuentran alojados los miedos, la agresividad, los celos, y otras energías de baja frecuencia).

Cuando estos chakras no están abiertos a la Luz, y hay un exceso de actividad mental, sin amor o compasión puede convertir a la persona en un manipulador, así como un exceso de voluntad y disciplina sin amor, en un dictador sin sentimientos ni compasión hacia los sentimientos de otros seres sintientes.

Por eso alinear cada día todos nuestros chakras hará que estemos equilibrados.

No olvidemos que la manera de llegar a los órganos para su sanación, mediante la energía, o con terapias vibracionales, es a través de sus chakras correspondientes, pues como vemos están relacionados con las glándulas endocrinas, por tanto, con las hormonas y química de nuestro cuerpo.

Es fundamental una buena conexión con la Tierra, un enraizamiento, antes de empezar cualquier trabajo de visualización o de canalización con nuestros Seres y Guías de Luz, si luego no queremos sentirnos desconectados o perder el rumbo.

Una meditación diaria de equilibrado de nuestros chakras, mejorará notablemente nuestra salud a todos los niveles, tanto físico, como emocional, mental y espiritual, pues desde esos vórtices energéticos se producen también la conexión y la comunicación de entrada y salida con nuestros cuerpos energéticos y con la energía que nos rodea, es nuestro modo de interacción con la sopa cuántica de información, con el Akash, en el que estamos inmersos todos los Seres y en el que participamos.

Es donde se encuentra toda la información, los Campos Mórficos de los que nos habla Rupert Sheldrake, o del mundo de los Arquetipos que forman parte de la herencia de toda la humanidad, del Alma del Mundo.

No tenemos que viajar a lugares lejanos para encontrar información, sólo a nuestro interior, a nuestros siete sellos o portales, en los que se encuentran todos los Reinos, todo lo que existió y todo lo que sucederá, pues todas las líneas probables de tiempo, todas las dimensiones, el pasado y los futuros posibles confluyen en el punto 0, que es el punto del observador, en nuestra coronilla, para llegar ahí primero hay que subir los siete escalones.

Mantener alineado nuestro Canal Central, que es paralelo a la columna vertebra,l es fundamental para que fluya la energía vital por todo nuestro sistema.

Un ejercicio de meditación diario que nos desbloquee nuestros chakras y nos conecte con la Fuente nos ayudará a ir eliminando bloqueos e ir cambiando la información que se puede cristalizar en ellos, es una muy buena manera de mantener nuestra salud en todos los niveles.

Vamos pues a conocer nuestros chakras principales, para empezar a hacer las meditaciones diarias, y trabajar nuestros cuerpos y la creación de nuestra realidad a través de ellos.

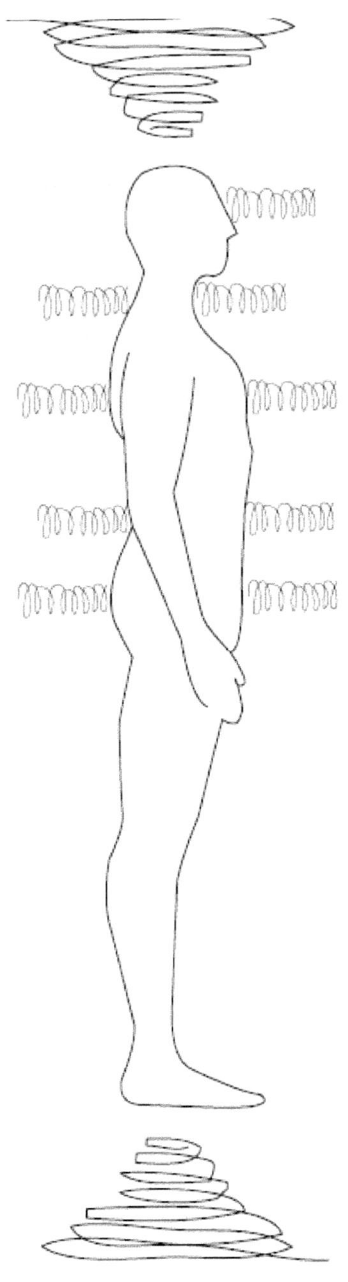

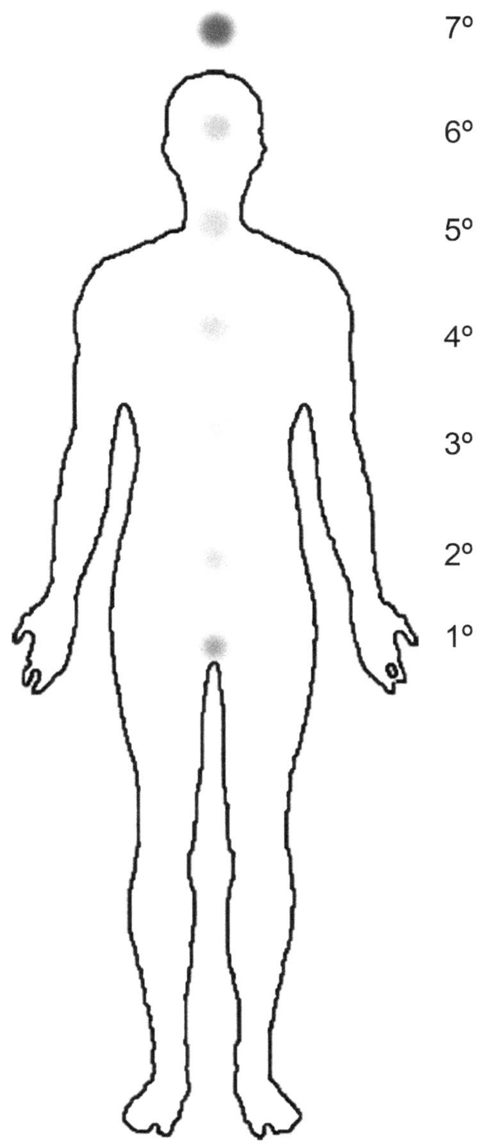

7º
6º
5º
4º
3º
2º
1º

<u>**PRIMER CHAKRA:**</u>

Chakra raíz, o de la base:
Se encuentra en el periné, el color con el que vibra
es el rojo vibrante, color rubí.

Las glándulas endocrinas que energetizan
son las suprarrenales.

Se corresponde con el Reino mineral.
Nos conecta con la energía de la Tierra.

Nos aporta seguridad, coraje, decisión, confianza en nosotros
mismos.

Nos ayuda a tener una buena base, sólida, con la materia.
Son nuestros cimientos, imprescindibles para construir una
buena casa.

<u>**SEGUNDO CHAKRA**</u>

Se encuentra cuatro dedos aproximadamente
por debajo del ombligo.

Es de color amarillo anaranjado.
Las glándulas endocrinas a las que energetiza son
las gónadas, en los hombres los testículos y en las mujeres los
ovarios.

Es el chakra de la creatividad, de la sexualidad, nos da la capacidad de ser creadores en la materia, de crear y albergar vida,
de encontrar unidad en la dualidad.

A través de nuestro chakra sexual podemos unificar el encuentro entre lo masculino sagrado y lo femenino sagrado.

Está relacionado con el Reino vegetal.

TERCER CHAKRA

El plexo solar, se encuentra a unos cuatro dedos de distancia
por encima del ombligo aproximadamente.

Es el centro que regula nuestras emociones.

Las glándulas endocrinas que le corresponden es el
páncreas, el hígado y el bazo.

Su color es el naranja dorado, como el Sol del amanecer.

Nos ayuda a crear a través de nuestras emociones, por lo que
hay que poner mucha atención sobre qué tipo de emociones
nos están moviendo para crear nuestro día a día.

Está relacionado con el Reino animal.

CUARTO CHAKRA

El chakra del corazón.

El chakra que abierto a la Luz despierta en nosotros el
Amor incondicional y la compasión.

Nos ayuda a no juzgar a los demás, pues eso es el
Amor incondicional; aceptar al otro tal como es sin juzgarle,
sabiendo que tiene su propio proceso de aprendizaje,
y sobre todo a reconocer la Presencia Divina también en él.

Está relacionado con la Glándula Timo, por lo que el estado de nuestro chakra cardíaco influye directamente en nuestro sistema inmunológico.

Por ejemplo, si no nos amamos a nosotros mismos, si nos tratamos sin amor, de una manera muy dura, si nos rechazamos a nosotros mismo o no nos gusta nuestra imagen, probablemente podemos desarrollar una enfermedad autoinmune, pues nuestro propio sistema inmunológico nos atacará a nosotros mismos. Es decir nosotros somos nuestros propios enemigos, nuestro verdadero enemigo.

Su color es el verde esmeralda y también el rosa.

En este chakra se encuentra la Llama Trina, muy importante, en un espacio llamado la Cámara Secreta del Corazón, de la que hablaremos después.

El Reino relacionado con este chakra es el Reino Humano, pero con mayúsculas, pues está abierto a la Luz.
Una vez que la energía ha ascendido a través del diafragma, desde los tres chakras inferiores que son los de la supervivencia, entramos en el verdadero amor, en el que su afirmación sería:

AMO DESDE LA LIBERTAD.

EL QUINTO CHAKRA

El chakra laríngeo se encuentra en la garganta.

Es el chakra de la creación desde la palabra hablada, desde el sonido.

Es también el chakra de la comunicación.
Nos ayuda a expresar nuestra propia verdad, la verdad que debe brotar desde nuestro corazón.

También nos ayuda a saber expresar nuestras necesidades, nuestros sentimientos, lo que de verdad pensamos, lo que de verdad sentimos.

Y sobre todo a tomar conciencia de que en cada palabra que emitimos, estamos dando un decreto, un fiat, una orden para que algo se manifieste.

Su color es el azul.

EL SEXTO CHAKRA

El tercer ojo, se encuentra en el entrecejo y su color es el violeta o azul índigo.

Nos aporta clarividencia, intuición, sabiduría.

Su glándula es la pituitaria.

Nos ayuda a tomar conciencia del poder del enfoque, de la visualización creativa.

Abierto a la luz nos ayuda a tener premoniciones y clarividencia.

EL SÉPTIMO CHAKRA

El chakra de la corona, se encuentra en la coronilla.

Nos conecta con la Fuente, con la Unidad.
Su color es el blanco y la glándula es la pineal.
Cuando está abierto y desarrollado logramos la iluminación.

Cuando la Conciencia está en este punto,
estamos en el lugar el Observador, desde donde podemos
"soñar" nuestras próximas experiencias.

"¿Qué es lo que quieres vivir?

¿Qué quieres experimentar en la materia?"

Todo es válido. Aquí está el genio de la lámpara,
¿le vas a pedir tres deseos o prefieres ser el genio?

Puedes experimentar todo lo que desees, todo es lícito, siempre y cuando respetes en todo momento la libertad de otras personas, todo lo que crees desde aquí, tiene que ser para ti, o para alguien que te lo haya pedido, pues desde este estado de Conciencia puedes acceder al mundo de las ideas desde donde luego inician su descenso a la materia.

Como vemos, todo el proceso de creación debe pasar por los 7 planos que llevan desde la Fuente o Campo totipotencial a la materialización. Veamos con detenimiento el proceso y a continuación hagamos la meditación de alineación de los chakras.

Lo primero, que nos llega es una idea, un pensamiento, un sueño desde nuestra PRESENCIA YO SOY , que a su vez está conectada con la Fuente o la Conciencia .

Desciende por el canal central y va hasta nuestro tercer ojo, nuestro sexto chakra, donde lo visualizamos y ahí comienza el proceso de la creación, en la contemplación y el enfoque de lo que queremos en nuestras vidas. Cual arquero con su conciencia y enfoque fijado en su objetivo, tenemos que mantener nuestra concentración y solo observar aquello que queremos crear en nuestra realidad.

Mantener una imagen clara y definida de que lo que queremos ya está hecho y logrado.

No perder el enfoque es lo más importante, así como guardar silencio de nuestra creación, pues recuerda las palabras **OSAR, HACER Y CALLAR.**

Si comentamos nuestra creación con otras personas, no olvidemos que ellos también son Dioses creando con sus creencias, pensamientos y sentimientos, y si ellos sienten celos, o piensan que lo que estás creando o haciendo es una tontería, están enviando con su energía esa información a tu creación, por lo tanto mantenlo en silencio y en secreto entre tú y tu Divina Presencia, para que ninguna otra energía puede interferir.

Después y por el canal central desciende esa energía hasta el chakra de la garganta, donde tendremos que darle vida con la palabra hablada y con el aliento.

Ahi es donde el poder de la palabra hablada, el poder creador del sonido, da el Decreto, la Orden, el Fíat.

"¡HÁGASE LA LUZ!" Y LA LUZ SE HIZO

El sonido dio la orden y la energía se materializó en Luz, pero lo primero fue el Sonido primordial.

Continuamos descendiendo la energía por el canal central hasta el chakra del corazón, donde el amor, el sentimiento, la aceptación, harán que creamos lo que estamos atrayendo, amándolo incondicionalmente, abrazándolo.

Ese sentimiento se convertirá en emoción (recuerda e-motion, energía en movimiento) en nuestro Plexo Solar, y al emocionarnos con nuestra creación la vamos consolidando.
El deseo, la energía unida a la conciencia, crea nuestra realidad.

Desde nuestro canal central esa energía virgen sigue su descenso hasta nuestro chakra segundo, nuestro chakra de la creatividad, donde se fecunda para terminar en la Mater, en la Tierra, en nuestro primer chakra, que es la Materia.

Y así tenemos en nuestro cuerpo el Templo de Salomón. Nuestro cuerpo es un Templo Sagrado, un habitáculo donde podemos experimentar la experiencia de ser un Dios Creador.

Somos Dioses creadores, a partir de este momento, Dioses creadores con conciencia de que lo somos.

Tan importante como la obra en sí, es la confianza plena y la aceptación, pues en cuanto tengamos un pensamiento o sentimiento de duda o de que no nos lo merecemos interrumpiremos el proceso de creación, por lo tanto, cuando algo no nos salga, lo primero que tenemos que pensar no es que esto no funcione, sino irnos a nuestro interior y ver que energía lo está impidiendo, por qué nos estamos autosaboteando a nosotros mismos, pues habrá alguna creencia o patrón de pensamiento limitante que nos está impidiendo manifestar eso que tanto anhelamos.

Por eso tenemos que hacer un trabajo de interiorización hacia nosotros mismos, en la búsqueda de qué es lo que nos está pasando, y localizar esa energía y transmutarla, la Llama Violeta, como veremos después nos será de gran ayuda, así como el poder de la palabra hablada mediante las afirmaciones y decretos.

Hagamos ahora la Meditación de armonización de nuestros chakras, es una meditación que si nos acostumbramos a hacerla cada día, los resultados no tardarán en verse.

MEDITACIÓN DE ALINEACIÓN DE CHAKRAS

Pon toda tu atención en la respiración...
Inspira luz...
Exhala tensión....
Paz...
Mucha paz...
No hagas nada... Solo respira...
Siente el aire entrando por tu nariz y descendiendo
hasta tus pulmones...
Siente la vida en ti...
Siente el aliento de vida llenando tu cuerpo y dándole vida...
Animando tu cuerpo...
Llenándolo de tu alma...
De tu esencia...Solo respira...
Ahora sientes cómo una gran esfera blanca de luz se sitúa
encima de tu cabeza y en medio un prisma de cristal hará
que la luz forme un arco iris que desciende hacia tu
cuerpo...
Inhala...
Las siete corrientes de energía van a empezar a entrar
en tu cuerpo con cada respiración...
Cada una de ellas te llena con una parte de ti y un atributo
de tu propia divinidad...
Respira..
Inspira luz....
Expira preocupaciones...
No hagas nada...
Solo respira... Solo recibe...
Realmente no tienes que hacer nada...
Solo Ser... Respira...
El primer rayo rojo rubí de ese arcoíris empieza a descender

desde tu corona bajando
por tu cuerpo hasta tu primer chakra...
La Voluntad se activa en ti...
La confianza en ti mismo...
La seguridad...
Siente la luz descendiendo por tus piernas
hasta tus rodillas....

Siente la energía...
Ánclala en tus rodillas...
Sigue descendiéndola...
Siente la energía bajando hasta tus pies....
Tus tobillos... Las plantas de los pies...
Y desde ahí siente como baja hasta el mismo centro de la tie-
rra, como si fueran las raíces de un gran árbol...

Conéctate con la Tierra...
Ahora te llega la sensación...

La seguridad de que todo lo que necesitas te será dado...
Todo lo material se verá satisfecho...
Ten confianza... Siéntete seguro...

Sigue descendiendo la luz por tu cabeza desde la esfera
blanca a través del prisma y ahora el rayo amarillo anaran-
jado baja hasta llenar tu segundo chakra...

La creatividad, la capacidad de crear en la materia se activa
de una manera más consciente...
Tus órganos reproductores se llenan de luz...
Toma consciencia de que eres creador en la materia...
Respira... Deja que un Rayo de luz naranja dorado...

Lleno de vida...
De una energía que te conforta....
Que te llena...
Hace girar tu plexo solar...
Todo tu aparato digestivo se llena de luz...
De energía sanadora...
No sientes ahora ninguna carencia afectiva...
Eres un ser completo en ti mismo...
Te sientes lleno de prana...
De energía de vida...
Estás lleno y completo de amor...
Respira...
Llénate ahora del Rayo de Luz de color verde esmeralda...
Llegando hasta el chakra de tu corazón...
Deja que el pecho se llene...
Que descienda por tus brazos hasta tus manos...
Tus manos son la prolongación del corazón...
Que tus manos sanen todo aquello que toquen pues no hay
energía más sanadora en el Universo que la energía del amor
incondicional del corazón...
El amor que no juzga...
Que solo acepta a cada quien como es...

Sin expectativas... Sin esperar que el otro cambie...
Cada uno tiene su propio camino, su aprendizaje,
nuestra felicidad no depende de los demás...
Solo acepta no juzgues ni te juzgues...
Respira...

Una bella luz turquesa desciende hacia tu garganta...
Llena tu chakra de la comunicación...
Deja que las palabras que brotan de tu garganta vengan

directas desde el chakra del corazón, expresando tu propia
verdad, lo que tú necesitas...
Toma conciencia del poder de la palabra hablada, en un
principio fue el verbo y el verbo se hizo carne...
Todo lo que decretamos es una orden para que la energía
se manifieste en lo que afirmamos...
Somos creadores de nuestra realidad...
Respira... llénate de VIDA...
Deja ahora que la luz violeta llegue hasta tu tercer ojo...
Tu intuición, tu sabiduría se activan con tu sexto chakra...
La glándula pituitaria se llena de luz...
Los dos hemisferios se llenan de luz por igual, deja que la
energía llene cada rincón, todos los surcos
y circunvalaciones de tu cerebro se llenan de luz...
Tus facultades divinas, despiertan todas, y tu correcta visión
del mundo también, tú eres el observador,
allí donde pones tu atención, tu enfoque es lo que crearás...
¿Qué tal si empiezas a enfocarte en todo lo bello
que tienes en tu vida?
¿A tu alrededor?
Retira tu atención de todo aquello que ya no necesitas para
aprender, tan solo observa todas la maravillas
que nos ofrece la vida cada día...
Todo lo que tienes a tu alrededor que te aporta paz y felici-
dad... Observa la belleza de la naturaleza,
de lo más sencillo, de lo cotidiano...
Todo es realmente una bendición...
Respira y dejar ahora que una luz índigo te conecta con la es-
fera de luz blanca...
Te fundes ahora con el Universo...
Con la Conciencia de la que tú formas parte
y de la que estás hecho...

Eres pura energía …
Potencial…
Conciencia…
Puedes ahora acceder a cualquier tiempo y espacio…
A cualquier lugar…
A cualquier experiencia…
Tan solo con soñarlo…
Pues todo existe en la Nada…
Ahora solo sueña… Sueña…
Ahora puedes soñar tu vida, tu mañana…
¿Cómo quieres que sea tu mañana?
Puedes crear en este momento tu vida, tu eres el hacedor de tu realidad…
Imagínate como es tu día, a qué te dedicas,
o simplemente mírate a ti mismo siendo feliz…
Mantén la imagen de lo que quieres crear y siéntelo porque ya es…
Lo has contemplado y ya existe…
Está en marcha…
Vive la emoción de sentir que ya es…
Y solo acéptalo y agradece…
Agradece… Siente la emoción…
Mantente así unos minutos, y cuando te sientas preparado, toma tres respiraciones profundas y empieza a tomar conciencia de tu cuerpo, moviendo suavemente las manos, los pies…
Cuando así lo sientas puedes abrir los ojos…

X.
LAS SIETE FRECUENCIAS DE LOS SIETE RAYOS

Como hemos visto de la Conciencia emanan los siete Rayos en los que se dividen la Luz visible. Cada uno de los Rayos con su frecuencia vibratoria, nos aporta una cualidad del color que los representa en el rango de la Luz.

De la Conciencia primigenia, de la Luz, emanan los tres primeros Rayos principales, con los tres atributos, que como vemos en casi todas las tradiciones y religiones, representan a la Trinidad.

El Padre, el Hijo y el Espíritu.
El Padre, la Madre y el Hijo.

Es el Padre, la Madre y el Hijo, el fruto de la relación de los otros dos.

Cada uno encarna una cualidad de Rayo, el Rosa, que nos aporta el Amor Divino, el Azul, que es la Voluntad Divina y el Amarillo que es la Sabiduría Divina.

Estos tres Rayos se encuentran en un lugar Sagrado, en la Cámara Sagrada del Corazón, y los tres juntos forman la Llama Trina.

Estos tres Rayos, emanan de la división de la Luz Blanca que desciende por nuestro Canal Central, nuestro cordón de plata, que nos une con nuestro Ser Superior, nuestra Alma.

Estos Rayos nos dan los atributos necesarios para la manifestación en la materia del propósito de nuestra alma.

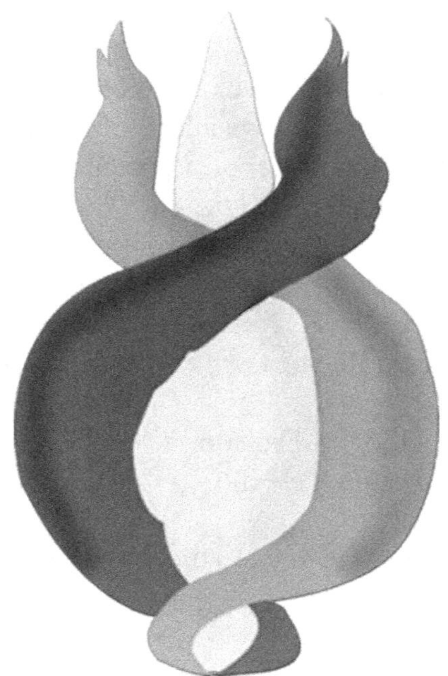

Son el Amor Divino, la Sabiduría Divina, y la Voluntad o Poder.

Realmente necesitamos tener desarrollados por igual los tres principios, pues si uno de ellos predomina sobre los otros tres o no está igual de desarrollado, tendremos problemas en conseguir manifestar y cumplir con nuestro propósito de vida.

Debemos unificar los Tres para volver a Re-ligar los tres principios y al Unificar, volver a la Unidad de la Luz de la que salieron.

Los otros cuatro Rayos son los Rayos secundarios que emanan del tercero.

Empezar a expandir en conciencia nuestra Llama Trina, hace que nuestro cuerpo físico, nuestro cuerpo emocional y nuestro cuerpo mental vayan en equilibrio y al unísono.

Pensar, Sentir y Actuar. Corazón, Cabeza y Mano unificados para lograr los objetivos.

Es frecuente tener problemas al no hacer lo que nos dice el corazón, o por pensarlo y analizarlo y finalmente no dar el paso, o actuar por impulso, por voluntad sin haberlo pensado, o amar y no actuar… Todas estas cosas hacen que enfermemos pues nos fragmentamos, por lo tanto hacer un ejercicio diario de expansión, con conciencia de nuestra Llama Trina, nos ayudará reunificar nuestros cuerpos con el propósito del alma o de Nuestro Ser Superior, nuestra Divina Presencia en nosotros.

Veamos ahora de una manera rápida y sencilla cada uno de los siete Rayos aunque vamos a trabajar sobre todo con el Rayo Violeta, pues, como veremos, es el Rayo de la Transmutación. Que es una de las maneras más rápidas de transmutar toda la energía densa del pasado que está acumulada en nuestro sistema energético vital.

Hace no muchos años y gracias a un cambio de conciencia planetario, se pudo empezar a trabajar de nuevo con el Fuego Violeta transmutador. Éste ya lo habíamos utilizado en época Atlante.

Gracias al Maestro Ascendido Saint Germain, se consiguió un permiso para que pudiéramos empezar a utilizarlo, acelerando de esta manera la evolución del Planeta hacia la Nueva Era de la Luz, la Era de Acuario, que apenas estamos ahora empezando a ver.

Como decíamos, la Conciencia, la Unidad, la Fuente de la que emana toda la Creación; en un movimiento en el que se dice que se contempló a sí misma, inicia el segundo aspecto, y para poder relacionar estos dos primeros, nace el Hijo, el Logos, que es el que los relaciona. Por eso el Hijo, es la encarnación del Amor, del Amor Sabiduría.

PRIMER RAYO	SEGUNDO RAYO	TERCER RAYO

EL PRIMER RAYO:
Es el de la Voluntad o del Poder Divino. Su color es Azul, y es el que nos otorga la Voluntad para movernos: la acción, el movimiento, la mano, para poner en marcha la Voluntad del Padre.

Tiene correspondencia con el Primer y Séptimo chakra, hace triángulo con el sexto que es el Centro de Síntesis.

EL SEGUNDO RAYO:
Es el de la Sabiduría Divina, su color es el amarillo, y es el que nos da el atributo divino de la Sabiduría.

Si yo quiero manifestar algo, tengo que coordinar mi mano con la cabeza, la acción con el conocimiento de la forma de hacerlo.

Se corresponde con el segundo y quinto chakra, y hace triangulación con el sexto chakra, centro comando, llamado también de síntesis.

EL TERCER RAYO:

Es el del Amor, su color es el rosa, nos aporta el atributo del Amor Divino, es el que nos relaciona con todos los demás y con nosotros mismos, un amor que ama desde la libertad, sin apegos, sin juicios, con compasión.

Se corresponde con el tercer y el cuarto chakra y triangula con el sexto de síntesis.

Estos tres Rayos principales entran en nosotros por el Chakra de la Corona a través del Cordón de plata que nos une con nuestra alma, baja por el Canal Central y se ancla en la Cámara Secreta del Corazón.

Los tres Rayos juntos y en fusión nos hacen volver a la Luz Blanca, a la Conciencia de la que estamos hechos, de la que salimos, de la que formamos parte y hacia la que hemos de volver.

Del tercer Rayo, emanan los cuatro Rayos secundarios:

EL CUARTO RAYO:

Es el de la Ascensión, el Rayo Blanco , el de la Armonía a través de la Belleza, la Música, el Arte. Es el rayo de los pintores y artistas. La persona que tiene predominante en su personalidad este Rayo se realiza mediante la Armonía, la Belleza y el Arte.

EL QUINTO RAYO:

Es el de la Ciencia concreta; es el Rayo de los médicos, de los científicos, es el Verde Esmeralda.

EL SEXTO RAYO:

Es el de la Devoción , es el Rayo de los Religiosos, de los místicos, en el que "la Fe mueve montañas." Su color es el dorado anaranjado.

<u>**EL SÉPTIMO RAYO:**</u>

Es el Violeta, el Rayo de la transmutación, del que más nos vamos a ocupar en este libro, habrá futuras publicaciones en las que hablaremos detenidamente del resto de los Rayos, de sus Maestros Ascendidos, Arcángeles, Retiros etéricos, clave tonal, decretos, etc.

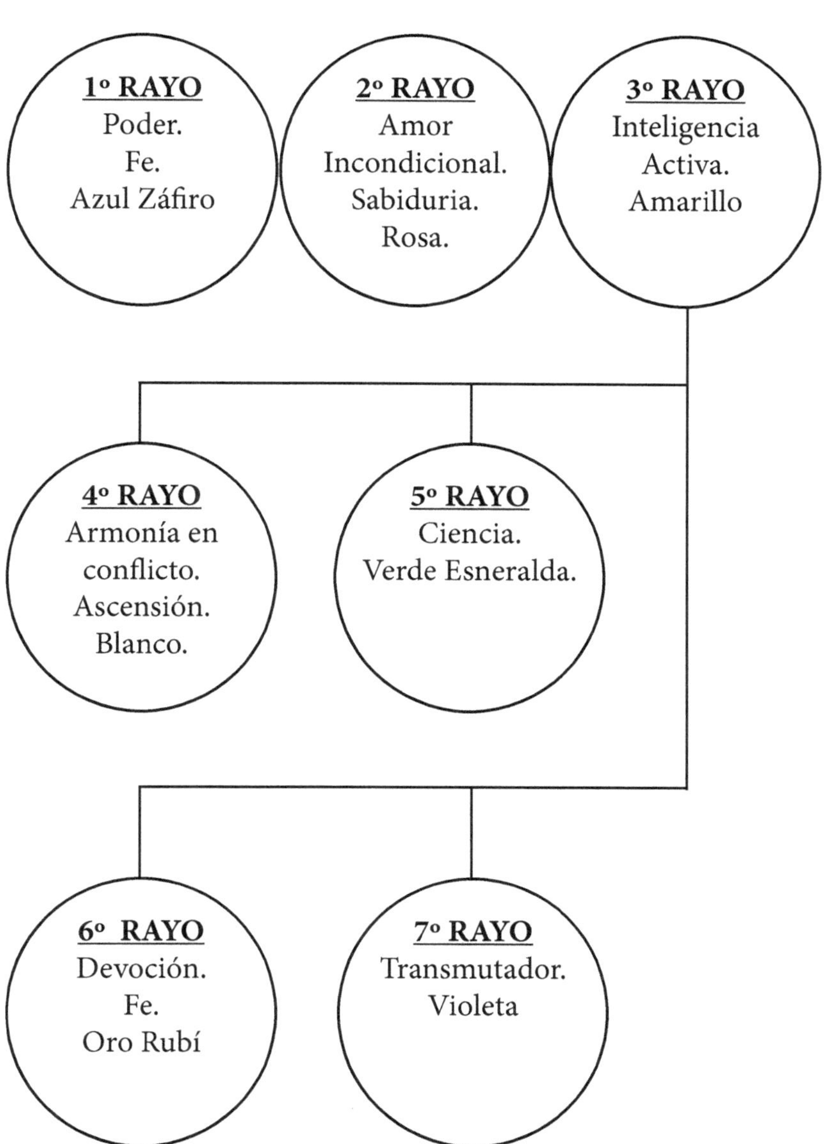

1º RAYO
Poder.
Fe.
Azul Záfiro

2º RAYO
Amor
Incondicional.
Sabiduria.
Rosa.

3º RAYO
Inteligencia
Activa.
Amarillo

4º RAYO
Armonía en
conflicto.
Ascensión.
Blanco.

5º RAYO
Ciencia.
Verde Esneralda.

6º RAYO
Devoción.
Fe.
Oro Rubí

7º RAYO
Transmutador.
Violeta

Incorporar en nuestra meditación diaria la visualización de la Llama Trina con la expansión de La Llama Trina en nuestro corazón, nos ayudará a tener equilibrados en nosotros los tres atributos Divinos en nosotros, y hará que nuestra Cabeza, Corazón y Mano vayan al unísono, como nos enseña el Maestro Morya, Maestro Ascendido del Primer Rayo de la Voluntad.

Pensar, sentir y actuar con coherencia y al unísono, con un objetivo, que es el propósito de nuestra Alma, hará que nuestro cuerpo físico-etérico, emocional y mental estén alineados con el Alma, y nuestra aura, que se forma con la emanación de nuestros chakras y unifica nuestros cuerpos, esté bien formada, sin rupturas, ni muy expandida ni deprimida.

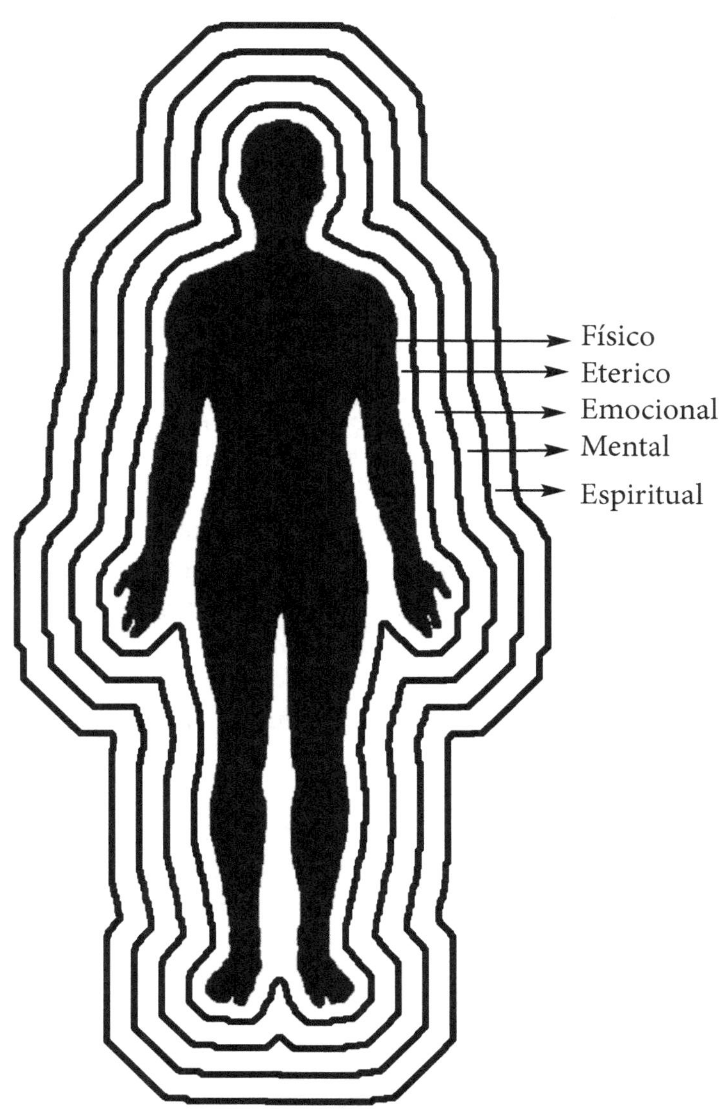

Físico
Eterico
Emocional
Mental
Espiritual

MEDITACIÓN DE LA LLAMA TRINA

*Pon toda tu atención en tu respiración, inspira paz, exhala
tensiones, inhala Luz, exhala bloqueos...*

*Con cada respiración sentirás como va entrando por tu ca-
beza, a través del canal central una corriente de Luz que
proviene desde la Fuente, que pasa por tu Ser Superior
y desciende para ir bañando y llenando de Luz
todas las partes de tus cuerpos...
Respira...*

*Al inspirar la primera corriente de energía desciende hasta tu
primer chakra, que se llena de luz , de un hermoso color rubí
brillante, vibrante, lleno de prana y de energía
que activa en ti la confianza, el valor, el coraje,...*

*Siente como se expande por todo tu primer chakra,
descendiendo también por tus piernas y anclándose en tus
rodillas tus miedos e inseguridades se disuelven.*

*La energía te da seguridad pero también flexibilidad, siente
la energía...*

*Respira y siente como sigue entrando la energía que sigue
descendiendo ahora hasta tus pies, donde como si fueran las
raíces de un gran árbol, desciende atravesando el suelo llegando hasta el centro de la Tierra....*

*Donde te anclas, al centro de la Tierra y te sientes acogido
por la madre Tierra, que te sustenta...*
Ahora tienes la seguridad de que todo el suministro que nece-

sites lo tienes, te pertenece por derecho propio,
por ser parte de la divinidad,
no debes tener ningún temor de que nada te faltará,
todo te llegará...
Ten plena confianza de que así es...
Respira...

Respira profundamente y siente como la corriente de energía
sigue descendiendo hasta llegar ahora a tu segundo chakra,
en un color amarillo anaranjado...

Tus lumbares, caderas, todos los órganos de tu sistema
reproductor se llenan de luz, y tomas conciencia de la ener-
gía sagrada que es tu energía sexual...
Capaz de crear vida...

Tu creatividad en la materia se activa y se llena de luz...
Sanando cualquier bloqueo que pueda existir en tu chakra
de la sexualidad, reconoce ésta como algo sagrado y divino...

Respira...
Sigue sintiendo la Luz...

Ahora la luz va llegando hasta tu plexo solar, en un naranja,
dorado, como el Sol, tibio, vibrante, que te llena de energía
de vida, de prana... cálido...
Respira...

Todos los órganos de tu aparato digestivo se llenan de luz...
Pon atención a tu hígado, tu bazo y tu páncreas...
Llénalos de luz, siente como todas tus células se llenan de

luz...
Respira...
*Sigue descendiendo la energía en un color verde esmeralda
hasta tu chakra del corazón, desde donde a a través del sistema circulatorio llena todos tus vasos sanguíneos, tus venas
y arterias llegando así la energía de sanación a todo tus órganos, a todo tu cuerpo...*
Respira...

*Deja que esta energía despierte en ti y se expanda la energía
del amor incondicional, sin apegos, sin juicios...*

*Respira profundamente, la energía verde esmeralda baja
también por tus brazos hasta tus manos, y allí se activan en
tus manos los chakras secundarios del corazón, ahora la
energía de sanación verde esmeralda pasará desde el amor
del corazón hasta tus manos, puedes llevar tus manos a
aquella parte de tu cuerpo que necesite sanación en estos momentos y permite que esta salga a través de tus manos
y llene esa parte que lo necesita...*
Respira...

*Una nueva corriente de energía, azul turquesa, llega hasta tu
chakra de la garganta, la comunicación contigo mismo y con
los demás se vuelve más fluida...*

*Toma conciencia del poder de creación de la palabra ha-
blada...*
*A partir de ahora solo saldrán palabras que te ayuden
a conectar con tu divinidad y con la divinidad de los demás,
creando armonía y paz a tu alrededor...*

Mira a ver si hay alguna palabra no dicha atrapada en tu garganta y si es así, libérala ahora con la exhalación, puedes emitir un sonido que libere tu chakra si así lo sientes...
Respira...

Continúa entrando el flujo de luz desde la fuente llegando ahora en un violeta intenso hasta tu tercer ojo...
La claridad de visión, el conocimiento, se activan en ti...

Respira siente como se activa tu glándula pituitaria y desde ahi en forma de ocho invertido la energía circula llenando ambos hemisferios por igual...

Toma conciencia el mundo es tal y como yo lo veo, si yo cambio mi visión del mundo el mundo cambia...
Donde pongo mi atención está mi energía creando mi realidad...

Respira...

Ahora estás conectado a la fuente a través de tu chakra de la corona...
La glándula pineal se llena de luz y desde ahí una cascada de luz baña todo tu cuerpo...
Respira...
Respira...

Ahora tomas conciencia de tu conexión con la Fuente a través de un cordón de plata que pasa por tu alma,

por tu Presencia Divina, tu Yo Superior, es tu Presencia YO SOY ...

El cordón de plata entra por tu corona hasta tu corazón donde está anclado, es tu corriente de Vida que se alimenta desde la Fuente y pasa a través de tu Divina Presencia, es el Hilo de la Vida…

En tu corazón se divide en tres Llamitas que arden sin parar desde tu primera encarnación…
Es tu chispa divina…

Que te otorga los tres atributos de Dios en ti…

Una llama es de color azul, que representa la Voluntad, el Poder Divino, la segunda llama es de color amarillo que te otorga la Sabiduría Divina y la tercera es de color rosa, el Amor Divino…

Ahora con cada respiración sientes el latido de tu corazón y con cada latido la llama Trina empieza a crecer, las tres llamitas se interpenetran entre ellas y empieza a formarse una gran Luz Blanca que sigue creciendo…

Las cualidades del Amor Divino, la Sabiduría Divina y el Poder de Dios empiezan a crecer por igual hasta que llenan todo tu Ser, llenándolo de Luz…

Permite que el intenso resplandor que produce la fusión de las tres llene por completo todo tu cuerpo …

La luz sigue creciendo y tu cuerpo fisico-etérico está vibrando por la luz…

Ahora tu cuerpo emocional…

Y ahora tu cuerpo mental...
Lleva tus manos con el mudra de la oración hasta tu cora-
zón y unifica la energía en tus manos, ahora elévalas a tu
tercer ojo y ahora hacia la fuente...
Construye el puente de luz entre tu Presencia YO SOY , tu
cabeza, tu corazón y tus manos, que tu pensar, tu sentir y tu
actuar sea para cumplir tu propósito de Vida...

Permite que tus actos, tus pensamientos y tus sentimientos
sean los instrumentos de tu alma
para vivir el cielo en la tierra y llevar la tierra al cielo...

Respira pausadamente mientras sostienes
esta energía unos minutos...

Cuando así lo sientas puedes empezar a tomar conciencia de
tu cuerpo moviendo las manos y los pies...puedes abrir los
ojos...

XI. La Llama Violeta

Como vemos, es muy importante volver a restablecer la coherencia con nuestros pensamientos, nuestros sentimientos y nuestros actos. Yo no puedo fragmentarme porque entonces pierde la coherencia y el orden la conexión entre mis cuerpos energéticos, llevándome al desequilibrio y por lo tanto a la enfermedad.

Todos hemos venido con un propósito de vida, con un aprendizaje o tareas inconclusas de otras vidas que hemos de cumplir en esta. Para ello nos traemos nuestro equipaje, con los retos que tenemos que superar para aprenderlos y con los dones que nos ayudarán a hacerlo.

Como en los cuentos, tenemos unas hadas o seres benefactores que nos otorgan nuestros regalos de nacimiento, los objetos mágicos que nos ayudarán a superar los obstáculos y eso se puede ver muy bien reflejado en nuestra carta natal.

Lo mismo pasa con los Rayos, cada una de las Líneas de Rayo desarrolla un aspecto de la totalidad, en cada una de las encarnaciones venimos con más aspectos de un Rayo que nos predomina para desarrollar lo que hemos venido a hacer, pero todos tenemos todos los Rayos, y para ascender debemos integrar y equilibrarlos todos, por eso es importante trabajar con la expansión de la Llama Trina, porque nos ayuda a preparar nuestros cuerpo para la ascensión.

Una vez que hemos superado nuestras pruebas (pactadas por nosotros mismos antes de nacer), quedamos libre del influjo de la Astrología y de otras influencias externas a nuestro Ser para ser nosotros los hacedores de nuestros destinos, que siempre lo hemos sido, pues antes de nacer el alma elige absolutamente todas las condiciones que favorecerán nuestro desarrollo y aprendizaje.

La Llama Violeta es una dispensa, un regalo, que recibimos en el Planeta que nos va a ayudar a transmutar más rápido todas las condiciones acumuladas no solo de esta vida, sino también de otras vidas, que nos están frenando para lograr la Ascensión y en elevar la Conciencia, tanto a nivel individual como planetario.

Como hemos visto, al final todo son frecuencias, ciclos por segundo que son los que les da a la materia una forma determinada.

La luz tiene un amplio espectro; desde el rango de la luz visible a nuestros ojos a lo no visible, dependiendo de la longitud de onda y de los ciclos por segundo.

La velocidad a la que éstas vibran es lo que hace que pase de onda a molécula o a partícula, por lo tanto acelerar o al contrario la frecuencia vibratoria es lo que permite que pase de un estado a otro.

Las frecuencias que van del violeta al azul ultravioleta son las más elevadas, permitiendo pasar de la partícula a molécula, onda y energía pura.

Si empezamos a irradiarnos o irradiar situaciones, espacios o condiciones con luz violeta estaremos modificando el estado de partícula a energía, consiguiendo transmutar algo otra con diferente cualidad, pudiendo colapsar de nuevo en partícula ya transmutado y transformado.

Yo puedo transmutar la tristeza en alegría, tomando esa información y elevando su frecuencia a través de la Llama Violeta.

Sabemos que la energía sigue al pensamiento, y que la palabra hace que se manifieste. Al enfocarnos en una imagen en la que se da la orden o el decreto, llamando a la Llama Violeta, inmediatamente se empezará a transmutar la condición que ya no queremos.

Puede ser una grabación de pensamiento de carencia, que hace que no nos consideremos merecedores de ser ricos, de disfrutar lo que se llaman "lujos" pues es lo que hemos escuchado desde pequeños o lo que hemos ido viendo a nuestro alrededor, considerando egoísta desear ciertos bienes o disfrutarlos, y como hemos visto de la sustancia primigenia, es decir de la Conciencia del Universo de donde sale toda la materia, es ilimitada, solo depende del Observador que tome una forma u otra, de la misma energía está hecha una zanahoria que un diamante, solo la información, el patrón de forma que recibe la energía que emana de la Conciencia hará que tome una forma u otra.

Se trata de colocarnos en el punto del Observador y darle forma a la Conciencia, la energía ni se crea ni se destruye, solo se transforma.

Lo importate es mirar cuales son las grabaciones que existen en nosotros que impiden aceptar que esto se produzca.

La manifestación instantánea, solo depende de lograr unificanos con la Conciencia y estar en el punto cero,en el del Observador, aceptarlo como nuestra realidad y sentirlo como hizo Jesús con el pan y los peces, como en múltiples testimonios de la época hacía el Maestro Ascendido, entonces alquimista, Conde de Saint Germain, como Sai Baba con las famosas piedras Lingam, etc.

Y recapitulemos: eso se consigue estando presentes, en nuestra Pr-esencia, conectándonos con los siete niveles o planos de manifestación a través de nuestros chakras, colocándonos en el lugar del Observador y desde ahí soñar y dar la orden, el decreto o el fíat desde el poder de la palabra hablada y…

"¡Hágase la Luz! Y la Luz se hizo"
o
"El verbo se hizo carne"

Y para transmutar nuestros sistemas limitantes de pensamientos o de creaciones hechas por nosotros mismos, de una manera totalmente inconscientes, mediante decretos y afirmaciones despectivos de nosotros mismo que ahí siguen vigentes, hasta que sean transmutados, para eso, tenemos la Llama Violeta.

XI.
Liberación de los Patrones Familiares

Para lograr nuestra sanación y/o recuperar nuestro poder y retomar las riendas de nuestras vidas, otro de los factores muy importantes es identificar las conductas adquiridas por el aprendizaje de nuestros mayores.

Muchas veces nuestras reacciones emocionales o patrones de conducta son heredados de nuestros ancestros.

Son códigos que se encuentran en nuestro ADN, que han ido pasando de generación en generación.

Actuamos con la energía de nuestros antepasados hasta de siete generaciones anteriores. Esta información además de estar en nuestro ADN, se encuentra también alojada en las siete vértebras cervicales.

Realmente todo nuestro cuerpo guarda información de todo

lo que nos ha ido sucediendo y de todo lo que les sucedió a las generaciones que nos precedieron.

En nuestro cerebro reptiliano se encuentra toda la filogénesis de la especie, todas las experiencias de los que pasaron antes que nosotros por el Planeta y es compartida por todos, a todos los niveles.

Rupert Sheldrake nos habla de los campos mórficos, las antiguas tradiciones orientales nos hablan del Akash, el éter donde se encuentra toda la información, los archivos Akáshicos de todo lo sucedido que forma parte del Alma del Mundo.

Jung nos habla de los Arquetipos que se encuentran en el Inconsciente Colectivo, y hoy en día los Físicos Cuánticos nos hablan de El Campo, esa sopa cuántica en la que estamos sumergidos compartiendo información a través de fotones, de Luz frecuenciada.

Por lo tanto pretender estar separados de algo de lo que contiene esa substancia en el Universo es una ilusión.

Sin embargo, aprender a identificar lo que es la Esencia, nuestra Presencia original, de lo que es adquirido por aprendizaje o herencia es fundamental para despertar en nosotros ese potencial que siempre estuvo dormido. Es la condición del alma que está latente, en el centro del Loto, la pureza de nuestra esencia original sin el ruido de todas esas frecuencias parásitas que hay en el entorno cuántico que nos rodea.

El reconocer y agradecer a todos los miembros de la especie humana todo lo que nos hemos aportado unos a otros, es algo que nos ayudará también a dejar de juzgar y de buscar culpables en la realidad que no nos gusta y con la que ya nos queremos seguir participando.

Sentimos el llamado de nuestra alma o Ser superior para pasar a vivir ya otro tipo de experiencias con otro nivel de Conciencia y salir de la rueda de la ilusión que nos lleva a reencarnar una y otra vez para poder hacer con plena conciencia lo que vinimos a hacer: ser Espíritu encarnado en la materia para participar en la aventura de Crear y traer el Cielo a la Tierra.

Para ello, como decíamos, es importante recuperar nuestro poder, nuestra esencia, identificar que son las conductas que estamos repitiendo de forma automática, sin darnos cuenta, pues es un hábito adquirido, un patrón de repetición del que no somos conscientes, pues es lo habitual.

Pero eso solo indica que no estamos en nuestra Pr- Esencia, la mayor parte del tiempo no estamos presentes, sino distraídos mientras actuamos con el piloto automático.

A muchos estímulos reaccionamos de manera instantánea, sin plantearnos siquiera si esa respuesta que estamos dando a esa situación nace de nuestro verdadero Ser.

Vamos a empezar a trabajar, para liberar esos patrones, con nosotros mismos, vamos a empezar a identificar cuanto hay de nuestra esencia y cuanto de lo adquirido por aprendizaje y que seguimos repitiendo de manera automática, por hábito.

Empieza por tomar papel y lápiz y a continuación tómate unos minutos para practicar el ejercicio de estar presente:

Cierra los ojos y únicamente respira…
Sé consciente de tu respiración, sé consciente del aire entrando y saliendo por tu nariz…

Siente el cosquilleo que produce el aire al entrar y salir, si es un aire frío o cálido… como baja por tu garganta y sigue hasta tus pulmones…

Sé consciente del movimiento del diafragma…
del ritmo…hazlo de manera suave …

Sé consciente ahora de tu cuerpo en la habitación, sobre la silla, tus pies en el suelo…

Pon atención a los ruidos de la sala… de la calle…
hazte presente…
El olor, la temperatura…

Repasa y relaja tu cuerpo, mira a ver si hay alguna zona en tensión en este momento y si es así aflójala con unas respiraciones profundas, lentas, pausadas, pero sintiendo como tu cuerpo se va aflojando…

Ahora que estás presente, abre los ojos, toma el papel y el lápiz y responde a estas preguntas:

"¿Qué conducta hay en mí que deseo cambiar?"

"¿Hay algún recuerdo de algún adulto referente
para tí, que actuara así?
"¿Cómo te hacía sentir esa conducta?"

Observa ahora tu cuerpo, y se consciente si hay alguna zona que se ha tensado al traer ese recuerdo, si es así respira profundamente tres veces y al exhalar, conscientemente libera ese patrón de conducta, mientras afirmas.

"ME LIBERO Y LIBERO A
(NOMBRE DE LA PERSONA DE LA QUE TOMASTE
ESE PATRÓN)
DE
(NOMBRA ESA CONDUCTA)

ENVÍO ESTA ENERGÍA A LA LLAMA VIOLETA PARA SU TRANSMUTACIÓN.

YO SOY MI PRESENCIA LIBERANDO Y LIBERÁNDOME DE TODOS AQUELLOS PATRONES DE CONDUCTA QUE COMPARTO CON
……………….... (X3)

YO SOY EL PERDÓN AQUÍ ACTUANDO Y TRA-YENDO A MI VIDA LA
PERFECCIÓN EN ESTA SITUACIÓN.
(X3)
YO SOY LA PERFECCIÓN DE MI PRESENCIA YO SOY ACTÚANDO AQUÍ Y AHORA.
(X3)

Estos patrones de conducta adquiridos por aprendizaje, también suelen influir mucho en la forma de comunicarnos con los demás, de expresar también nuestras necesidades y nuestros sentimientos.

No olvidemos que muchos bloqueos energéticos cristalizados en nuestras células permanecen porque en su momento no se ha expresado un sentimiento, una emoción.

Las palabras no dichas, las necesidades no expresadas, los sentimientos y secretos no compartidos, son el origen de muchos bloqueos que existen no solo en nosotros sino también en las historias familiares.

Vamos ahora a tomar conciencia de nuestra forma de comunicación con nosotros mismos y con los demás.

FORMA DE COMUNICARME

Cierra de nuevo los ojos, y toma tres respiraciones profundas, para este ejercicio puedes apoyarte con algún cristal azul como puede ser la crisocola, la turquesa, el aguamarina, etc. colocándolo en el chakra de la garganta o tomándolo con tus manos mientras lo realizas.

Con los ojos cerrados, hazte a ti mismo estas preguntas para tomar conciencia y después apuntarlas en tu cuaderno:

"¿Cómo es mi tono de voz?"
"¿Mi voz es dulce?"
"¿Hablo con un tono elevado o por el contrario apenas mi voz es un susurro?"
"¿Expreso lo que siento?"
"¿Tengo algo guardado que no dije en su día?"
"¿Guardo algún secreto del que me avergüenzo o que me hace sentir mal?"

Vuelve de nuevo a observar tu cuerpo y mira si hay alguna parte que se ha vuelto a tensionar, o ha aparecido alguna molestia física o sensación corporal de algún tipo. Si es así, vuelve de nuevo a respirar profundamente tres veces, y al exhalar libéralo con conciencia, pero esta vez deja que salga un sonido, el que sea pero libera tu voz, sin miedo y dejando que el sonido salga de manera libre.

ENVÍO LA ENERGÍA LIBERADA HACIA LA LLAMA VIOLETA PARA QUE SEA TRANSMUTADA

YO SOY COMUNICACIÓN SINCERA Y FLUIDA EXPRESANDO MI PROPIA VERDAD
(X3)

YO SOY MI DIVINA PRESENCIA EN PERFECTA COMUNICACIÓN CONMIGO Y CON LOS DEMÁS
(X3)

El nombre de una persona contiene la firma energética de la vibración sonora de su energía. De hecho en muchas culturas ancestrales, el verdadero nombre del recién nacido lo sabía el chamán o curandero de la tribu y se la decía al recién nacido al oído y hasta que no era mayor no le era revelado.

Mientras tanto se le llamaba por otro nombre.

¿Cuál es el nombre de Dios?
YO SOY EL QUE YO SOY

Es decir, Ser en presente la Pr-esencia, cualquier adejtivo que pongamos calificativo detrás del YO SOY estamos haciendo que ¡SEA!

Cuando nos presentamos a alguien lo que decimos es YO SOY ….. fulanito y luego al hablar de nuestra profesión decimos YO SOY …… (el oficio que sea) limitando nuestra esencia con una etiqueta circunstancial y temporal.

Tenemos que poner much atención a todo lo que afirmamos con el YO SOY delante pues estamos decretando y afirmando tal o cual condición.

Cuando ponemos nuestro nombre de esta encarnación detrás, estamos poniendo toda la carga energética que traemos ya en ese sonido, y a veces es un nombre que no nos gusta, o que nos han puesto por algún familiar fallecido, o porque es la costumbre llamar a los hijos igual que a los padres, etc. con la consiguiente carga energética que lleva ya esa vibraciòn.

Cantar nuestro nombre con nuestra propia voz es un ejercicio muy importante que ayuda a nuestras células a reconocer nuestra frecuencia sonora,a que vibren a través de nuestra voz y reconozcan la vibración de nuestro nombre con nuestra esencia.

Otra forma es salirnos de las identificaciones con personalidades que nos limitan y nos etiquetan, con decretos y afirmaciones como:

YO SOY LUZ
(X3)

YO SOY ARMONÍA
(X3)

YO SOY LA SABIDURÍA, EL PODER Y
EL AMOR DIVINO
(X3)

YO SOY SALUD
(X3)

YO SOY JUVENTUD
(X3)

Así como todos lo se nos ocurran. No es necesario realizar Decretos y Afirmaciones largos y complicados, con que lo hagamos con la autoridad que nos otorga hacerlos desde nuestra Presencia YO SOY ya estamos poniendo en marcha nuestra Divinidad y dejando a un lado las limitaciones de la personalidad.

Recordemos que la palabra "persona" viene de las representaciones del teatro griego, porque los actores hablaban detrás de una máscara, y "sonaban" creando un personaje.

Pues eso es un poco lo que nos pasa a nosotros, que nos ponemos una etiqueta, un personaje y nos olvidamos de quien es el que habla detrás de la máscara.

∽ ¿Por qué (x3)? ∽

¿Por qué se decreta siempre en múltiplos de tres? Los Decretos, así como los mantras, se aconsejan hacerlos en múltiplos de tres, porque la Trinidad es lo que completa de nuevo la totalidad de la unidad.

Podemos utilizar las afirmaciones del YO SOY con la Llama Violeta, para transmutar cualquier condición indeseable en nuestras vidas, en nuestras relaciones, en nuestra salud, en nuestros trabajos , tan solo tenemos que afirmar con la autoridad y la Maestría de nuestra Presencia YO SOY.

YO SOY LA LLAMA VIOLETA AQUÍ Y AHORA,
LIBERANDO A ....
(la situación, la energía, etc)
(x3)

YO SOY LA LLAMA VIOLETA ACTUANDO EN ....
(el lugar, la situación, etc.)
(x3)

Los secretos de familias, como incestos, violaciones, abortos, amores secretos, infidelidades, asesinatos, etc. son grabaciones que sin ser conscientes, se siguen repitiendo de generación en generación.

Es el momento ahora que estamos en pleno cambio de Era de poder liberarnos y de paso, liberar a las generaciones pasadas y las futuras de todos esos asuntos inconclusos que impiden que los cambios en el ADN puedan producirse para la evolución de nuestros cuerpos ser capaces de albergar esta nueva información entrante.

Hacer decretos para transmutar toda esta información de nuestros ancestros y linaje, usando la Llama violeta, nos ayudará a transmutar todo el karma pendiente que va pasando de generación en generación.

Podemos decir por ejemplo:

YO SOY EL FUEGO VIOLETA TRANSMUTADOR EN MI FAMILIA (X3)

Vamos a hacer ahora una meditación con el fuego violeta, para cuando tengamos una situación o una energía muy concreta que queremos liberar a través de la transmutación con el Fuego Violeta.

MEDITACIÓN CON LA LLAMA VIOLETA

Pon toda tu atención en tu respiración,
inspira paz, exhala tensión...
Respira...
tan solo inhala, exhala...
Paz...
Mucha paz...

Con cada respiración te vas relajando, vas soltando y liberando las tensiones...
Solo respira...
No tienes que hacer nada...
Solo sentir tu respiración...
Y dejar que fluya suavemente...
Respira...

Ahora comenzarás a sentir una corriente energética de luz sanadora que empezará a recorrer todo tu cuerpo, sanando y liberando todas aquellas emociones y bloqueos que puedas y tener...

Sientes la luz como va entrando por tu cabeza...
Tu cuero cabelludo, entra en tu cerebro, y todas las partes se llenan de luz sanadora, el occipital, los temporales,

el lóbulo frontal,...
Siente como todo tu cerebro, con las circunvalaciones, todos los rincones, se iluminan, se llenan de luz...

Tu frente, tus cejas...
Tus párpados...

Tus ojos…
Paz, mucha paz…
Te sientes muy bien…

La nariz, las mejillas, las orejas…
Respira, siente la luz…

Tus labios, tu boca por dentro, la mandíbula…
Se llenan de luz…
No tienes que hacer nada solo respirar, solo llenarte de luz
y… Permitir que la luz sane…

La nuca, la garganta, el cuello, se relajan y se llenan de luz…
Paz, mucha paz…

Los hombros, se relajan, se aflojan, se llenan de luz…
Y sigues sintiendo cada vez más paz…

Los brazos, las manos, los dedos de las manos, se llenan de
luz sanadora, deja que la luz fluya, permite que la luz
recorra todos los rincones de tu cuerpo…

Respiras, y al inhalar, la luz sigue bajando por tu tórax, tu es-
palda, tus dorsales, sientes la luz entrando y bajando por tu
esternón, llegando a tus pulmones, tus bronquios…

Siente la luz con la respiración, siente la sanación…

Tu corazón y desde allí con su bombeo lleva la luz a todo tu
sistema circulatorio, a las arterias, las venas, y llega a todas
tus células a través de la sangre, que ahora transporta mucha
luz…

Respira y siente la luz fluyendo por todo tu cuerpo...
Respira...

Sigue entrando luz y todo tu aparato digestivo, tu estómago,
tu páncreas, tu bazo...
Se llenan de luz...
Respira...

El hígado, la vesícula, siente como se llenan de luz, se sanan
se regeneran con la luz...
Deja que se llenen de luz, permite que se sanen...
Respira...

La luz empieza ahora a recorrer todo tu intestino,
desde el duodeno todo el intestino delgado, deja la luz vaya
limpiando todo el recorrido poniendo atención a las paredes,
si sintieras alguna zona que necesita más tiempo, más aten-
ción quédate ahí hasta que la veas totalmente llena de luz y
sanada con la luz...

Respira y permite, acepta la sanación...

Ahora el intestino grueso, permite que la luz siga haciendo
todo el recorrido, el colon ascendente, el colon transverso
y el descendente, todo tu intestino está lleno de luz sanadora,
respira y siente la energía...

Toda la columna, los riñones, los conductos y la vejiga
se llenan también de luz, sanando, regenerando, siente como
entra dentro de los órganos a todas las células y tejidos que
forman parte de ellos, se regeneran, se sanan...
Respira...

Tu aparato reproductor, tus órganos genitales, tus caderas y pelvis, deja que la luz los llene y sane, permite el proceso, solo respira, no tienes que hacer nada solo respira...

La luz baja por tus piernas y tus huesos, músculos, circulación, tendones, ligamentos se llenan de luz , pon atención a tus rodillas y permite que la energía fluya, sanando, liberando, restaurando, acepta la luz...

Sigue por tus piernas hasta tus tobillos y tus pies, y desde ahí a través de las plantas de los pies sienten como sigue descendiendo por tus raíces hasta la Tierra y allí te anclas, te enraízas con la Madre Tierra, siente tu conexión con la Tierra y sigue respirando lenta y pausadamente mientras te sigues llenando de luz.

Al respirar, empieza también subir energía desde la Madre Tierra, cual árbol que absorbe su savia, su energía sanadora también sube por las raíces de tus pies hasta tu corazón donde se encuentra con la energía que desciende del cielo y ambas se entremezcla, empezando a rodearte desde el corazón formando a tu alrededor una gran bucle energético, permite que esta energía limpie, restaure y llene tu aura, formando a tu alrededor un gran Biocampo energético, y te sientes muy bien, equilibrado con la energía del Cielo y de la Tierra...

Permite...

Empiezas a ascender en el espacio sin dejar de estar enraizado y conectado a la Tierra y te encuentras en una dimensión conocida donde puedes crear tu espacio sagrado para restaurar y para sanar todos los aspectos de tu vida…

Ese espacio sagrado es tu laboratorio alquímico donde se produce la transformación y transmutación de todas aquellas energías que ya no necesitas porque aprendiste de ellas.

En la puerta de tu espacio se encuentra un Ser de luz con una túnica violeta intenso que te va a ayudar en tus procesos,
entras con él y te dice que es tu propio espacio, tómate unos minutos para crearlo con todo aquello que hará que te sientas en tu propio espacio sagrado, quizás una fuente, o cristales, o plantas y flores, crea ahora tu laboratorio alquímico, donde el plomo se transformará en oro… aquí se irán transmutando y depurando hasta quedar lo más luminoso, lo más puro… únicamente tu PRESENCIA…

(Unos minutos…)

Ahora en el centro de tu espacio hay una gran antorcha de fuego violeta que arde iluminando pero sin deslumbrar, acercas tu mano y ves que no quema, las llamas violetas intensas y bellas, arden siempre sin apagarse, es hermoso ver su danza de fuego…

Al lado tienes una mesa de escritorio con papel y todo lo que necesitas para escribir, vas a escribir una carta a tu PRESENCIA YO SOY, tu YO SUPERIOR…

esta carta comienza así:

"En el nombre de mi Poderosa Presencia YO SOY, pido que el Fuego Violeta transmutador, me libere de. ...."

Ahora escribirás todas aquellas conductas,
patrones de creencias,
patrones familiares heredados,
pensamientos limitantes que te atan al sufrimiento,
a la carencia,
a la enfermedad,
a relaciones tóxicas...

tómate todo el tiempo que necesites para escribir en este papel todo aquello que estás dispuesto a soltar para transmutarlo y empezar a vivir libre de las cadenas que te han estado atado a todas estas condiciones que te alejan de tu PRESENCIA YO SOY...
Terminarás la carta diciendo:

"Y con plena Fe y pleno Poder, acepto que esto sea manifestado en todos los tiempos espacios, en todas la dimensiones, aquí y ahora

YO SOY LIBRE DE TODA CONDICIÓN
DE ESCLAVITUD, YO SOY LUZ
(X3)

Acércate ahora al Fuego de la Llama Violeta y con gratitud arroja el papel para que el Fuego Transmutador te libere de todo lo que has escrito.

Siente ahora La Llama Trina de tu Corazón expandiéndose desde el lugar sagrado del corazón y convirtiendo tu cuerpo en un cuerpo de luz afirmando.

YO SOY LA SABIDURÍA DIVINA
(X3)

YO SOY EL AMOR DIVINO
(X3)

YO SOY EL PODER DIVINO
(X3)

Lleva tus manos al centro del pecho y con el mudra de la oración agradece a tu Guía que permanece a tu lado la asistencia y el apoyo recibido.

Estás listo para volver…

Cuando así lo sientas empezarás a tomar conciencia del cuerpo, moviendo suavemente las manos, los pies… Puedes abrir los ojos, sintiéndote totalmente liberado y sanado.

Todo lo que os cuento en este libro fue mi propia experiencia, doy gracias a los Maestros por todas sus Enseñanzas, pues cuando empiezas a hacer estas prácticas, tu vida cambia, tu forma de ver la vida cambia, y ya sabemos que si yo cambio mi forma de ver el mundo el mundo cambia.

Que este libro sea una Bendición y de ayuda para todo aquél que haya decidido que hay mucho más de lo que nos cuentan y que solo tenemos que pedir y se nos dará…

Estar Presentes en nuestra Presencia y llegaremos a ese lugar donde los gnomos, las hadas, los elementales nos están esperando en ese jardín mágico.

Continuaremos con estas Benditas enseñanzas…

QUE LA LUZ EL AMOR Y EL PODER RESTABLEZCAN EL PLAN DE DIOS EN LA TIERRA Y CUMPLAMOS NUESTRA PARTE.

Ana Isabel Gallego García
16 de noviembre de 2017.

Revisado y terminado en la Luna Llena de Tauro, Festival mayor del Wesak. 17 de mayo de 2019.

www.ingramcontent.com/pod-product-compliance
Lightning Source LLC
LaVergne TN
LVHW020341200726
843507LV00012B/2438